I0174607

Couverture inférieure manquante

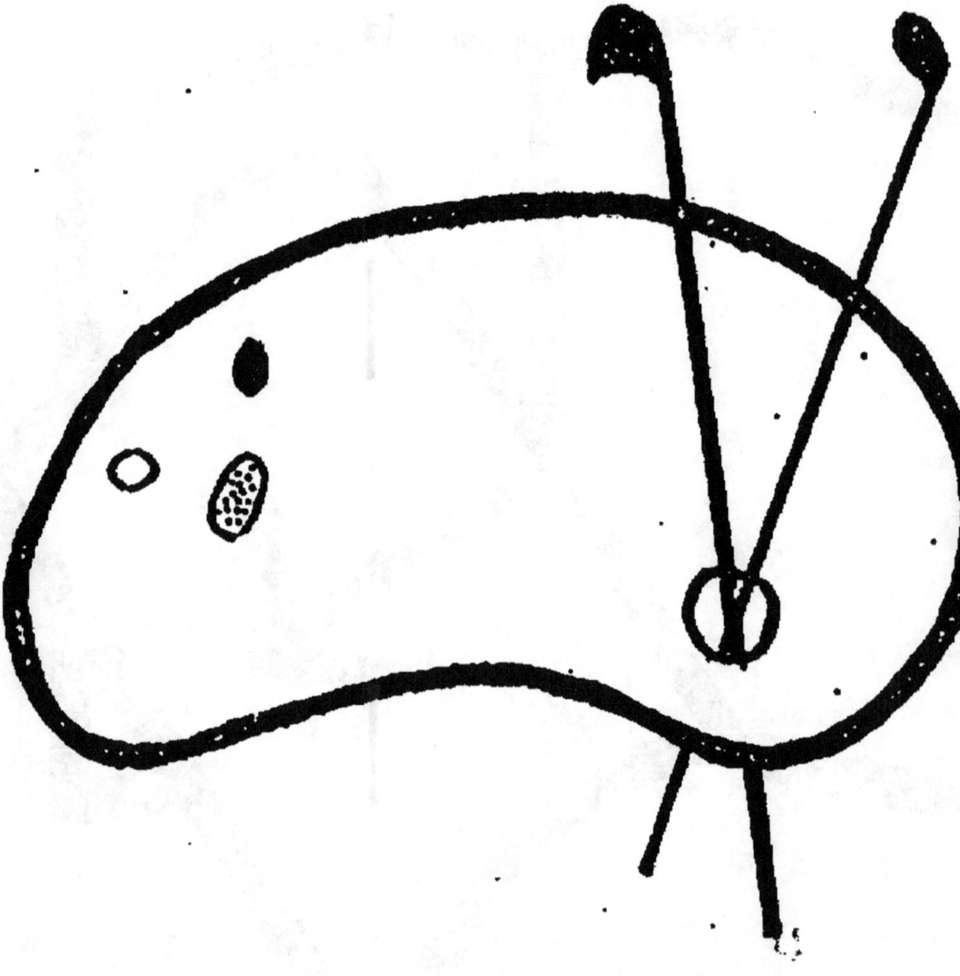

DEBUT D'UNE SERIE DI! DOCUMENTS
EN COULEUR

PREMIÈRE ANNÉE

Petit Guide Limousin

CONTENANT

LA MARCHE DES TRAINS

LES FOIRES DU DÉPARTEMENT

DES

Renseignements divers sur la Région

ET DES

MONUMENTS HISTORIQUES DU LIMOUSIN

LIMOGES

primerie A. HERBIN, 1, Boulevard Montmailler

Cie D'ASSURANCES GÉNÉRALES
CONTRE L'INCENDIE

CAPITAL ET RÉSERVES

16 MILLIONS 800.000 FRANCS

CAPITAUX GARANTIS : **Douze Milliards neuf cents millions**

SINISTRES PAYÉS : **157 MILLIONS**

AGENT A LIMOGES :

M. Louis GUIBERT

8, Rue Sainte-Catherine, 8

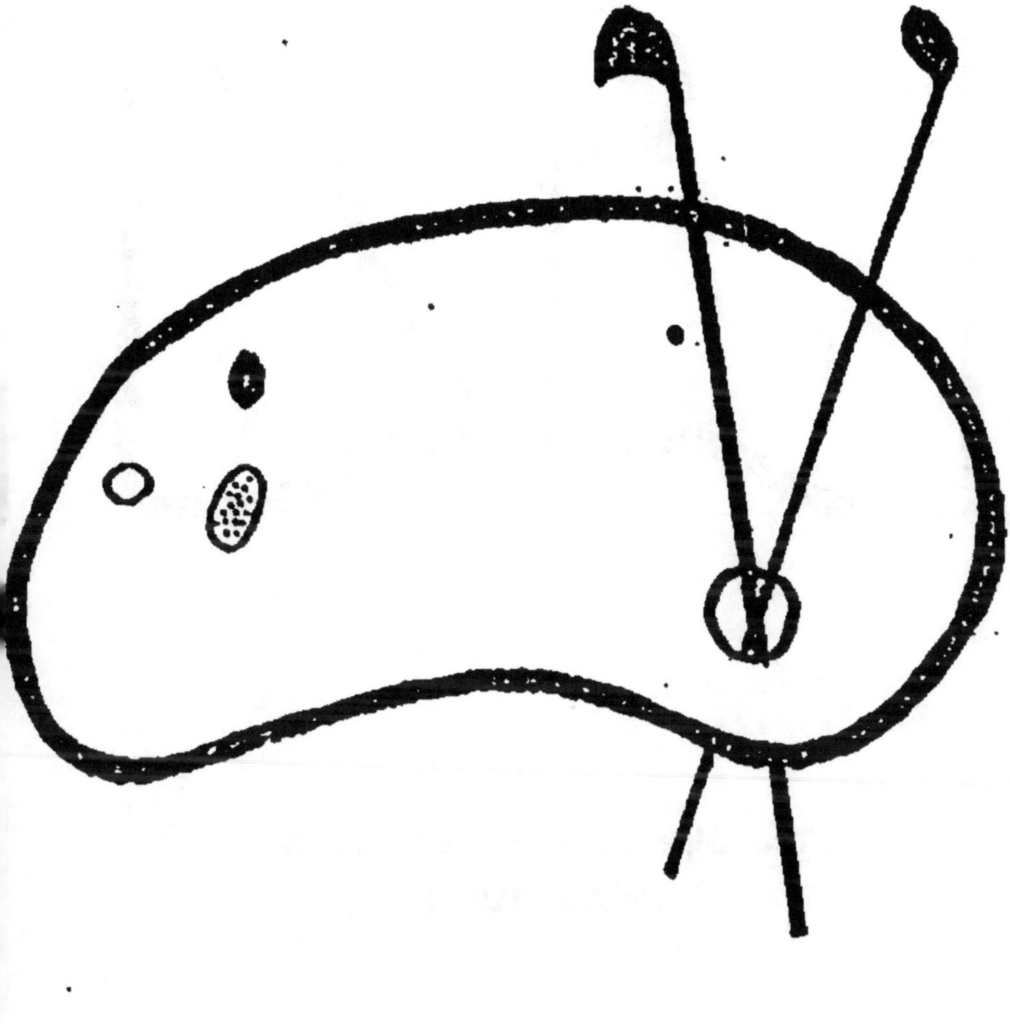

FIN D'UNE SERIE DE DOCUMENTS
EN COULEUR

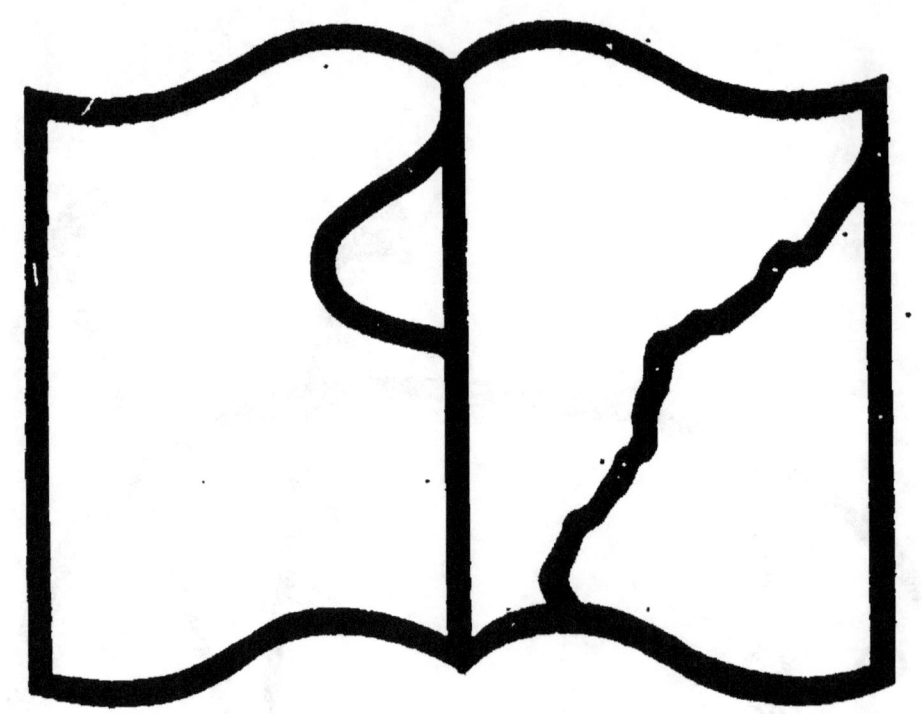

Texte détérioré — reliure défectueuse

NF Z 43-120-11

VALABLE POUR TOUT OU PARTIE DU DOCUMENT REPRODUIT

[illegible]IER		FÉVRIER			MARS			AVRIL			MAI			JUIN 1890		
4	2	● 7 h. 33 à 4 h. 56			● 6 h. 41 à 5 h. 42			● 5 h. 40 à 6 h. 28			● 4 h. 42 à 7 h. 13			● 4 h. 3 à 7 h. 52		
		1	S	S. Ignace	1	S	S. Aubin	1	M	S. Valéry	1	J	S. Ph. S. Jacq	1	D	TRINITÉ
		2	D	SEPTUAGES.	2	D	REMINISCER.	2	M	S. F. de Paule	2	V	S. Athanase	2	L	S. Pothin
		3	L	S. Blaise	3	L	Ste Cunégonde	3	J	Ste Irène	3	S	Inv. de Ste Cr.	3	M	○ Ste Clotilde
S	[illegible]gobert	4	M	S. Gilbert	4	M	S. Casimir	4	V	S. Platon	4	D	○ Ste Monique	4	M	S. Quirin
D	Siméon	5	M	○ Ste Agathe	5	M	Ste Perpétue	5	S	○ S. Albert	5	L	Conv. S. Aug.	5	J	FÊTE-DIEU
L	[illegible]	6	J	S. Amand	6	J	○ Ste Colette	6	D	PAQUES	6	M	S. Jean P. L.	6	V	S. Norbert
M	Ste Mélanie	7	V	S. Romuald	7	V	S. Th. d'Aq.	7	L	Ste Hégésippe	7	M	S. Stanislas	7	S	S. Lié
M	S. Lucien	8	S	S. Jean de M.	8	S	S. Jean de D.	8	M	S. Gautier	8	J	S. Désiré	8	D	S. Médard
J	S. Adrien	9	D	SEXAGESIME	9	D	OCULI	9	M	Ste Marie égy.	9	V	S. Grégoire	9	L	☾ Ste Pélagie
V	S. Agathon	10	L	Ste Scholastiq.	10	L	S. Macaire	10	J	40 Martyrs	10	S	S. Antonin	10	M	S. Landry
S	S. Théodore	11	M	S. Séverin	11	M	S. Euloge	11	V	S. Léon p.	11	D	☾ S. Isidore	11	M	S. Barnabé
D	S. Arcadius	12	M	☾ Ste Eulalie	12	M	S. Paul év.	12	S	☾ S. Jules	12	L	ROGATIONS	12	J	Ste Stéphanie
L	Bapt. de J.-C.	13	J	S. Grégoire	13	J	MI-CARÊME	13	D	S. Marcellin	13	M	S. Servais	13	V	S. Ant. de P.
M	☾ S. Hilaire	14	V	S. Valentin	14	V	☾ Ste Mathild.	14	L	S. Tiburce	14	M	S. Pacôme	14	S	S. Basile
M	S. Maur	15	S	S. Faustin	15	S	S. Zacharie	15	M	S. Elme	15	J	ASCENSION	15	D	S. J. Fr. Régis
J	S. Guillaume	16	D	QUINQUAGES.	16	D	LÆTARE	16	M	S. Paterne	16	V	S. Honoré	16	L	S. Cyr
V	S. Antoine	17	L	S. Flavien	17	L	S. Patrice	17	J	S. Anicet	17	S	S. Pascal	17	M	● S. Avit
S	Ch. de S. Pier.	18	M	MARDI-GRAS	18	M	S. Alexandre	18	V	S. Parfait	18	D	● S. Éric	18	M	Ste Marine
D	S. Sulpice	19	M	● CENDRES	19	M	S. Joseph	19	S	● S. Timon	19	L	S. Yves	19	J	S. Gerv. S. P.
L	● S. Sébast.	20	J	S. Sadoth	20	J	● PRINTEMP	20	D	S. Théodore	20	M	S. Bernard	20	V	S. Philadelp.
M	Ste Agnès	21	V	S. Théophan	21	V	S. Benoît	21	L	S. Anselme	21	M	S. Hospice	21	S	ÉTÉ
M	S. Vincent	22	S	Ste Isabelle	22	S	S. Emile	22	M	Ste Opportune	22	J	Ste Julie	22	D	S. Paulin
J	S. Raymond	23	D	QUADRAGES.	23	D	LA PASSION	23	M	S. Georges	23	V	S. Didier	23	L	Ste Basilide
V	S. Timothée	24	L	S. Mathias	24	L	S. Simon m.	24	J	S. Léger	24	S	S. Vinc. de L.	24	M	S. Jean-Bap.
S	Conv. S. Paul	25	M	S. Taraise	25	M	ANNONCIAT.	25	V	S. Marc	25	D	PENTECOTE	25	M	☽ S. Prosper
D	S. Polycarpe	26	M	☽ S. Nestor	26	M	S. Ludger	26	S	S. Clet	26	L	☽ S. Ph. de N.	26	J	S. Maxence
L	☽ S. J. Chrys.	27	J	Ste Honorine	27	J	S. Jean er.	27	D	☽ S. Anastase	27	M	Ste Caroline	27	V	Ste Adèle
M	S. Charlemag.	28	V	Ste Aveline	28	V	☽ Ste Dorothé	28	L	S. Vital	28	M	S. Germain	28	S	S. Irénée
M	S. Fr. de Sale				29	S	S. Gontran	29	M	S. Robert	29	J	S. Maxime	29	D	S. Pier. S. P.
J	Ste Bathilde			l'année russe	30	D	RAMEAUX	30	M	S. Eutrope	30	V	S. Félix	30	L	C. de S. P.
	Ste Marcelle			retarde de 12 jours	31	L	Ste Balbine				31	S	Ste Pétronille			DEBRANY A PARIS

[illegible]89 JUILLET		AOUT			SEPTEMBRE			OCTOBRE			NOVEMBRE			DÉCEMB. 189[illegible]		
4 h. 2 à 8 h. 5		● 4 h. 34 à 7 h. 37			● 5 h. 18 à 6 h. 41			● 6 h. 1 à 5 h. 38			● 6 h. 48 à 4 h. 33			● 7 h. 31 à 4 h. 4		
M	S. Thibaut	1	V	Ste Sophie	1	L	S. Gilles	1	M	S. Remi	1	S	TOUSSAINT	1	L	S. Eloi
M	○ Visite N D	2	S	S. Pier. aux L.	2	M	S. Alphonse	2	J	SS. Ang. gar.	2	D	TRÉPASSÉS	2	M	Ste Bibianne
J	S. Anatole	3	D	S. Étienne p.	3	M	S. Grégoire	3	V	S. Denys	3	L	S. Hubert	3	M	S. Fulgence
V	Ste Berthe	4	L	S. Dominiq.	4	J	Ste Rosalie	4	S	S. Fr. d'Ass.	4	M	☾ S. Charles	4	J	☾ Ste Barbe
S	Ste Zoé	5	M	S. Lucain	5	V	S. Bertin	5	D	☾ S. Placide	5	M	Ste Bertille	5	V	S. Nicet
	Ste Angèle	6	M	TRANSFIGUR.	6	S	☾ S. Eleuth.	6	L	S. Bruno	6	J	S. Léonard	6	S	S. Nicolas
	Ste Aubierge	7	J	☾ S. Gaëtan	7	D	S. Cloud	7	M	Ste Juliette	7	V	S. Ernest	7	D	S. Ambroise
	Ste Céline	8	V	S. Emilien	8	L	LA NATIVITÉ	8	M	Ste Brigitte	8	S	RELIQUES	8	L	S. Alfred
	☾ S. Cyrille	9	S	S. Camille	9	M	S. Omer	9	J	S. Denys év.	9	D	S. Mathurin	9	M	Ste Léocadie
	Ste Félicité	10	D	S. Laurent	10	M	Ste Pulchérie	10	V	S. Fr. Borgia	10	L	S. Juste	10	M	Ste Valère
	Tr. S. Benoît	11	L	Ste Suzanne	11	J	S. Hyacinthe	11	S	S. Probe	11	M	S. Martin	11	J	S. Damase
S	S. Gualbert	12	M	Ste Claire	12	V	S. Raphael	12	D	S. Conrad	12	M	● S. René	12	V	● S. Roseline
	S. Eugène	13	M	S. Hippolyte	13	S	S. Maurille	13	L	● S. Édouard	13	J	S. Brice	13	S	Ste Luce
	FÊTE-NAT.	14	J	S. Eusèbe	14	D	● Ex. de Ste Cr	14	M	S. Calixte	14	V	S. Pantène	14	D	S. Nicaise
	S. Henri	15	V	● ASSOMPT.	15	L	S. Nicomède	15	M	Ste Thérèse	15	S	Ste Gertrude	15	L	S. Eusèbe
	N.-D. du M.C.	16	S	S. Roch	16	M	S. Corneille	16	J	S. Gal	16	D	S. Eucher	16	M	Ste Adélaïde
J	● S. Alexis	17	D	S. Mammès	17	M	S. Lambert	17	V	Ste Edvige	17	L	S. Agnan	17	M	Ste Olympe
V	S. Frédéric	18	L	Ste Hélène	18	J	S. Ferréol	18	S	S. Luc	18	M	S. Romain	18	J	☽ S. Gatien
S	S. Vinc. de P.	19	M	S. Louis év.	19	V	S. Janvier	19	D	S. Savinien	19	M	☽ Ste Élisabeth	19	V	S. Cyprien
D	Ste Marguerit.	20	M	S. Bernard	20	S	S. Eustache	20	L	S. Agricol	20	J	S. Edmond	20	S	S. Philadelph.
L	S. Victor	21	J	S. Privat	21	D	☽ S. Mathieu	21	M	☽ Ste Ursule	21	V	Prés. de N.-D.	21	D	HIVER
M	Ste Madeleine	22	V	S. Pie	22	L	AUTOMNE	22	M	S. Phil. Hér.	22	S	Ste Cécile	22	L	S. Fabien
M	S. Apollinair	23	S	☽ Ste Jeanne	23	M	S. Lin	23	J	S. Léotade	23	D	S. Clément	23	M	Ste Victoire
J	Ste Christine	24	D	S. Barthélemy	24	M	S. Gérard	24	V	S. Magloire	24	L	S. J. de la Cr.	24	M	Ste Émilienne
V	[illegible]	25	L	S. Louis r.	25	J	S. Firmin	25	S	S. Crépin	25	M	Ste Catherine	25	J	NOËL
S	Ste [illegible]	26	M	S. Zéphirin	26	V	Ste Justine	26	D	S. Évariste	26	M	○ S. P. d'Al.	26	V	○ S. Étienne
D		27	M	S. Césaire	27	S	S. Cosme	27	L	○ S. Frumence	27	J	S. Maxime	27	S	S. Jean ap.
L		28	J	S. Augustin	28	D	○ S. Venceslas	28	M	S. Sim. S. J.	28	V	Ste Blanche	28	D	Innocents
M		[illegible]	V	S. Merry	29	L	S. Michel	29	M	S. Narcisse	29	S	S. Saturnin	29	L	[illegible]
M		[illegible]	S	○ St R[illegible]	30	M	S. Jérôme	30	J	S. Marcel	30	D	AVENT	30	M	S. Sabin
		3[illegible]	D	S. [illegible]				31	V	S. [illegible]			[illegible] DEBRANY	31	M	S. S[illegible]

LIMOGES — ST-SULPICE — VIERZON — ORLÉANS — PARIS.

Prix des Places 1re cl.	2e cl.	3e cl.	STATIONS	326 OMNIB. 1.2.3.	1614 OMNIB. 1.2.3.	30 EXPRES 1.2.3.	2 OMNIB. 1.2.3.	25 DIRECT 1.2.3.	40 EXPRES 1.2.3.	10 OMNIB. 1.2.3.	2138 MIXTE 1.2.3	16 EXPRES 1re cl.
fr. c.	fr. c.	fr. c.		matin	matin	matin		matin	soir	soir	soir	soir
»	»	»	LIMOGES-Bén.	5 55	7 15	8 22	midi58	2 30	3 57	4 27	5 53	9 43
0 70	0 55	0 35	Puy-Imbert .	»	»	8 27	1 02	»	4 02	4 31	5 59	»
1 55	1 20	0 85	Bardys-s.-Pr.	6 15	7 35	»	1 20	»	»	4 50	6 36	»
2 35	1 75	1 25	Ambazac	6 28	7 48	»	1 32	»	»	5 03	7 03	»
3 15	2 40	1 75	La Jonchère.	6 41	8 04	»	1 47	»	»	5 19	7 37	»
4 15	3 10	2 30	St-Sulpice ar	6 56	8 46	9 12	1 58	3 22	4 47	5 31	7 57	10 30
			St-Sulpice dé	7 01	matin	9 15	2 03	3 29	4 51	5 40		10 32
4 95	3 65	2 65	Bersac	7 11		»	2 13	»	»	5 50	»	»
6 15	4 60	3 40	Fromental...	7 29	»	»	2 29	»	»	6 08	»	»
7 35	5 55	4 5	La Souterraine	7 48	»	9 42	2 47	4 10	5 17	6 27	»	10 58
8 70	6 50	4 75	Forgevieille .	8 06	»	»	3 04	»	»	6 45	»	»
9 70	7 30	5 30	St-Sébastien ar.	8 16	»	»	3 13	»	5 35	6 55	»	»
			St-Sébastien dé.	8 20	»	»	3 17	»	5 36	7 00	»	»
10 45	7 85	5 75	Eguzon	8 30	»	»	3 27	4 43	»	7 10	»	»
11 80	8 85	6 45	Celon.......	8 45	»	»	3 41	4 58	»	7 25	»	»
13 20	9 90	7 25	Argenton ar.	8 58	»	10 25	3 53	5 11	6 03	7 38	»	11 41
			Argenton dé	9 02	»	10 29	3 57	5 16	6 05	7 43	»	11 43
16 95	12 75	9 35	Châteauroux.	10 04	»	11 23	4 53	6 13	6 59	8 41	»	min 18
20 35	15 20	11 15	Issoudun....	10 44	»	11 49	5 33	6 51	7 25	9 20	»	min.43
24 75	18 55	13 60	Vierzon arri.	11 43	»	mid.20	6 33	7 49	7 56	10 18	»	1 14
			Vierzon dép.	matin	»	midi30	7 02	8 10	8 05	10 55	»	1 19
34 70	26 00	19 10	Orléans ..		»	2 19	9 55	11 00	9 47	min.50	»	2 47
49 60	37 15	27 25	PARIS....			4 28	1 15	2 48	11 37	4 01	»	4 38
						soir	matin	soir	soir	matin		matin

LEGRAND, 14, boul. Montmailler et pl. Dauphine, Limoges
HERNIAIRE, BANDAGISTE, ORTHOPÉDISTE. Elève de la 1re maison de P

PARIS — ORLÉANS — VIERZON — ST-SULPICE — LIMOGES.

STATIONS	1 OMNIB. 1.2.3.	5 EXPRES 1.2.3.	11 EXPRES 1.2.3.	1615 OMNIB. 1.2.3.	21 EXPRES 1re cl.	2135 MIXTE 1.2.3.	17 DIRECT 1.2.3.	35 DIRECT 1.2.3.	37 DIRECT 1.2.3.
		matin	matin		soir	»	soir	soir	matin
PARIS ..... dép.	min.45	7 45	9 10	»	7 40	»	2 20	9 50	
Orléans	5 45	9 16	11 35	»	9 15	»	6 05	min.41	
Vierzon arrivée	7 46	10 57	2 05	»	10 53	»	8 13	2 55	
Vierzon départ.	8 14	11 18	2 42	»	11 »	»	8 37	3 15	3 45
Issoudun	9 13	11 50	3 40	»	11 33	»	9 42	4 03	4 33
Châteauroux	10 06	midi17	4 34	»	min.01	»	10 32	4 42	5 12
Argenton. arr.	10 54	midi45	5 22	»	min.29	»	11 17	5 26	5 56
Argenton. dép.	10 59	midi48	5 42	»	min.33	»	11 25	5 31	6 01
Célon	11 19	»	6 03	»	»	»	11 46	5 50	6 20
Eguzon	11 37	»	6 22	»	»	»	»	6 07	6 37
St-Sébastien. arr.	11 48	»	6 35	»	»	»	»	6 17	6 47
St-Sébastien. dép.	11 53	»	6 39	»	»	»	»	6 22	6 52
Forgevieille	midi06	»	6 53	»	»	»	»	6 34	7 04
La Souterraine	midi27	1 40	7 16	»	1 32	»	min.18	6 55	7 24
Fromental	midi41	»	7 31		»	»	»	7 08	7 37
Bersac	midi59	»	7 50		»		»	7 25	7 54
ST-SULPICE arrivée	1 10	2 07	8 02	soir	1 59	soir	1 28	7 35	8 04
ST-SULPICE départ.	1 25	2 10	8 10	5 29	2 06	9 25	2 16	7 40	8 10
La Jonchère	1 39	»	8 25	5 42	»	9 46	»	7 53	8 24
Ambazac	1 51	»	8 38	5 53	»	10 03	»	8 04	8 36
Les Bardy-St-Priest	2 00	»	8 48	6 02	»	10 16	»	8 13	8 45
Puy-Imbort (A)....	2 14	»	9 02	6 15	»	»	»	8 26	9 »»
LIMOGES . arr.	2 23	2 44	9 12	6 24	2 40	10 45	3 03	8 35	9 09
		soir	soir		matin		matin	matin	

MON BTE BOUTET *Anciennement rue Haute-Cité, 4*
Actuellement, 6, rue Ste-Valérie, LIMOGES
VINS naturels d'Algérie et autres. — Vieille **EAU-DE-VIE** de **Marc.**
VENTE AU PANIER PAR 25 LITRES AU MOINS

LIBRAIRIE, PAPETERIE

HENRI JOUANNEM

33, Rue Haute-Vienne, 33

PRÈS LA PLACE DES BANCS

LIMOGES

PAPETERIE DE LUXE ET ORDINAIRE

FOURNITURES POUR LES ÉCOLES, CAHIERS EN TOUS GENRES

Articles de Bureaux

SPÉCIALITÉ DE REGISTRES FAITS OU COMMANDÉS SUR MODÈLE

Encres des premières marques

COPIES DE LETTRES ET PRESSES A COPIER

IMPRESSIONS DE TOUTES SORTES

CARTES DE VISITE

GRAND ASSORTIMENT D'ARTICLES DE PIÉTÉ

Croix, Christs, Bénitiers, Statuettes, Médailles, Chapelets

IMAGERIE FINE ET ORDINAIRE, SOUVENIRS DE 1re COMMUNION ET CONFIRMATION

ARTICLES POUR FLEURS ARTIFICIELLES

Grand Choix de Paroissiens et de Livres de Piété, Missels pour Dames, Livres de Mariage

ALBUMS POUR PHOTOGRAPHIES

PORTE-FEUILLES, PORTE-CARTES ET PORTE-MONNAIE, ETC., ETC.

Articles de Propagande

Cette Maison se recommande par le choix de ses articles et ses prix modérés

E. LAROUSSERIE

EX-EMPLOYÉ

de la Maison FALCOT-MAIRET

DE LYON

24, Rue des Grandes-Pousses, LIMOGES

Grande Fabrication d'Instruments de pesage

BALANCES

Béranger, Roberval, Coulon, Trébuchet, Fléau

ROMAINES NOUVEAU SYSTÈME

BASCULES A ROMAINE AU DIXIÈME

Poids Fonte et Cuivre

MESURES EN TOUS GENRES

Atelier spécial de Réparations

MAISON UNIQUE

Par son Assortiment

D'ARTICLES DE BATIMENT

ET

D'USTENSILES DE MÉNAGE

CHARLES BOILEAU

Place de Lamothe et Rue de Paris, 2

LIMOGES

ARTICLES DE CAVE, CUISINE

CHAUFFAGE, ÉCLAIRAGE, ÉCURIE, JARDIN

Literie, Mobilier

DÉCOUPAGE, OUTILLAGE, CONSTRUCTION

Dépôt des Zincs de la Vieille Montagne

LA FONCIÈRE

Compagnie d'Assurances

CONTRE

L'INCENDIE, LE CHOMAGE

la Chûte et l'Explosion de la Foudre

Place Vendatour, PARIS

Capital social : **40 MILLIONS** de francs

RENSEIGNEMENTS :

S'adresser à M. **Maurice LEZAUD,**

Directeur particulier

21, Place Manignc

LIMOGES

PHARMACIE MODERNE DE LA HAUTE-VIENNE

E. DOR

Pharmacien-Chimiste

Place des Carmes, 41, LIMOGES

MÉDICAMENTS DE 1er CHOIX. — ANALYSES

Exécution rigoureuse et soignée de toutes les ordonnances à des prix excessivement modérés

PRODUITS VÉTÉRINAIRES, BANDAGES

Eaux Minérales Françaises et Étrangères

PRODUITS SPÉCIAUX DE LA MAISON

ELIXIR DOR

Tonique, Digestif, Nutritif, Reconstituant. Cette préparation est d'une efficacité contestée et incontestable

PRIX. . . . . **3 fr. 50 la bouteille**

CORIOIDE DOR

Guérison radicale et immédiate de CORS, DURILLONNS, ŒILS-DE-PERDRIX, etc.

PRIX. . . . . **1 fr.**

Seule préparation réellement efficace, connue jusqu'à ce jour.

SIROP DÉPURATIF DOR

Infaillible chez les personnes atteintes de Scrofules, Canc Dartres, Ulcères, Syphilis, etc., etc.

PRIX. . . . . **3 fr. 50**

SIROP ET PATE PECTORALE DO

Ces deux préparations sont souveraines contre les Bronch Rhumes, Catarrhes, Grippes, etc., etc.

PRIX. . . . . **1 fr. 25 le Sirop, 1 fr. la Pâte**

SOLUTION ANTI-RHUMATISMALE DO

PRIX. . . . . **2 fr. 50**

PILULES FERRUGINEUSES DOR

Prix. . . . . **2 fr. 50**

INJECTION FRANÇAISE

Guérison prompte et radicale des écoulements récents ou ch niques, sans souffrance et sans crainte de rétrécissement

PRIX. . . . . **2 fr.**

ON EXPÉDIE PARTOUT

Demandez dans tous les cafés l'APÉRITIF DOR, digestif et nutritif, à base de quinquina, caca frontignan, etc.

Ancienne Maison LAPETITEGRANGE.
Fondée en 1846
E. CHEVILLARD Sucr
3, Rue des Halles et rue Lansecot, 4
LIMOGES

BEURRES ET ŒUFS
FROMAGES DE TOUTES SORTES
A partir du 1er janvier 1890
Dépôt exclusif du Beurre Sciama
Crême fraîche et lait en pôts cachetés du Moslay

CONSERVES ET PATES ALIMENTAIRES

ÉPICERIE FINE

Dépôt des produits: L. LESCURAS, Distr.
GRANDES LIQUEURS ET SPIRITUEUX
VINS DE CHAMPAGNE
VINS FINS DE BORDEAUX ET DE BOURGOGNE

Liqueurs de marques

APPAREILS DE CHAUFFAGE EN TOLE ET FONTE

Garantis

FUMISTERIE EN TOUS GENRES

FABRIQUE
de
CHAUDRONNERIE
TOLERIE
Poterie en Fonte
CUIVRE & TOLE
EN PLANCHES

Maison fondée en 1830

LÉON CONSTANT FILS JEUNE

8, Rue Sainte-Valérie, 8

LIMOGES

RÉPARATIONS
de
POMPES
BATTERIE DE CUISINE
ACHAT
de
VIEUX MÉTAUX

LIMOGES — ST-YRIEIX — BRIVE — TOULOUSE.

Prix des Places 1re cl.	Prix des Places 2e cl.	Prix des Places 3e cl.	STATIONS	21 EXPRES 1re cl.	17 DIRECT 1.2.3.	33 OMNIB. 1.2.3.	2223 MIXTE 1.2.3.	5 EXPRES 1.2.3.	723 MIXTE. 1.2.3.	705 OMNIB. 1.2.3.
fr. c.	fr. c.	fr. c.		matin	matin	matin	matin	soir	matin	soir
»	»	»	**LIMOGES**.........départ	2 30	3 43	8 47	10 50	2 53	6 15	6 43
1 40	1 »	0 70	Boynac..................	»	»	9 04	11 22	»	6 32	7 01
2 50	1 85	1 30	Noxon..................	3 15	4 19	9 22	11 47	3 18	7 50	7 17
3 60	2 70	1 95	La Moyze..................	»	»	9 47	midi30	»	8 24	7 39
4 20	3 10	2 30	Champsiaux..................	»	»	9 57	1 04	»	8 44	7 49
5 20	3 90	2 85	**Saint-Yrieix**..........	3 46	5 08	10 16	1 35	3 49	9 10	8 07
6 30	4 70	3 45	Coussac-Bonneval..........	»	5 28	10 35	2 28	»		8 27
6 90	5 15	3 80	St-Julien-le-Vondre..........	»	5 41	10 47	2 4[illegible]	»	»	8 38
7 55	5 60	4 10	Lubersac..................	»	5 59	11 04	3 1[illegible]	4 16	»	8 54
8 35	6 25	4 60	Pompadour..................	»	6 24	11 20	3 50	»	»	9 08
9 65	7 20	5 25	Vignols-St-Solvo..........	»	6 43	11 40	4 14	»	»	9 27
10 35	7 75	5 65	Objat..................	4 45	6 59	11 57	5 10	4 52	»	9 41
11 10	8 30	6 10	Lo Burg..................	»	7 10	midi07	5 29	»	»	9 51
11 45	8 55	6 25	Varotz..................	»	7 20	midi14	5 40	»	»	9 58
12 55	9 40	6 85	**Brive**..................	5 08	8 05	midi34	6 11	5 14	»	10 18
21 25	15 85	11 40	Figeac..................	7 16	10 34	3 41	9 15	7 31	»	
25 70	19 15	13 80	Villofranche-do-R..........	8 19	midi02	5 05	soir	8 24	»	»
34 25	25 60	18 60	Caillac..................	9 52	2 16	6 55	»	9 49	»	»
39 85	30 15	21 30	**Toulouse**.........arr.	10 53	3 57	8 26	»	10 48	»	»
»	»	»	»	»	soir	soir	»	soir	»	»

BÉRUBET. — Rue Pont-Hérisson, 11. — LIMOGES.
Spécialité d'optique, Lunettes, Pince-nez et Baromètres en tous genres.
Dépôt de bagues électro-voltaïques

TOULOUSE — BRIVE — ST-YRIEIX — LIMOGES

STATIONS	30 EXPRES 1.2.3.	704 MIXTE 1.2.3.	40 EXPRES 1.2.3.	702 OMNIB. 1.2.3.	16 EXPRES 1.2.3.	26 DIRECT 1.2.3.
	»	»	matin	»	soir	soir
Toulouse .... départ.	minuit	»	7 10	»	1 15	2 40
Gaillac	min 38	matin	8 12	»	2 15	4 10
Villefranche-de-R	2 30	»	9 47	»	3 47	6 28
Figeac	3 21	11 02	10 55	matin	4 42	8 02
Brive	5 17	4 20	midi 42	7 04	6 37	10 27
Varetz	»	4 34	1 03	7 21	»	10 33
Le Burg	»	4 40	1 09	7 29	»	11 »
Objat	5 53	5 03	1 19	7 44	7 27	11 16
Vignols-St.-Solve	»	5 16	1 31	7 58	»	»
Pompadour	6 23	5 36	1 52	8 20	»	»
Lubersac	6 39	5 51	2 04	8 35	8 07	minuit
St-Julien-le-Vendre	»	6 02	2 14	8 47	»	»
Coussac-Bonneval	»	6 12	2 24	8 57	8 23	»
Saint-Yrieix	7 09	6 32	2 39	9 19	8 43	min 37
Champsiaux	»	6 43	2 51	9 34	»	»
La Meyze	»	6 55	3 »	9 4[illegible]	»	»
Nexon	7 37	7 09	3 18	10 01	9 11	1 12
Beynac	7 55	7 30	»	10 19	»	»
LIMOGES .... arr.	8 10	7 30	3 49	10 40	9 34	1 43
»	matin	soir	soir	matin	soir	matin

MAISON GOMPEL & Cie

38, avenue du Champ-de-Juillet. — LIMOGES

(Voir détails page 14).

VENTE A CRÉDIT PAR ABONNEMENT

MAISON GOMPEL & Cie

ADMINISTRATION A PARIS : 51, Rue des Petites-Écuries

Succursale de LIMOGES : 38, Avenue du Champ de Juillet

TOILES EN TOUS GENRES, CRETONNE, MOUCHOIRS, SERVIETTES, SERVICE DE TABLE, DRAPERIE, ROUENNERIE, VELOURS NOUVEAUTÉS, MÉRINOS, CACHEMIRES, COUVERTURES et FOYERS GLACES, PARAPLUIES, OMBRELLES, CORSETS, LITERIE, MEUBLES, CHAUSSURES, CHAPELLERIE, VETEMENTS CONFECTIONNÉS POUR DAMES, ETC.

HORLOGERIE, BIJOUTERIE, PENDULES, RÉVEILS

GRAND CHOIX DE CONFECTIONS

Pour Hommes, Jeunes Gens & Enfants

UN HORLOGER ET UN TAILLEUR SONT SPÉCIALEMENT ATTACHÉS A LA MAISON

CONDITIONS DE PAIEMENT

EN FAISANT L'ACHAT

De 1	à 25 fr.	2	fr. et les cent. à verser de s.
25	— 30 —	6 —	—
30	— 40 —	8 —	—
40	— 50 —	10 —	—
50	— 75 —	15 —	—
75	— 100 —	20 —	—

CONDITIONS DE PAIEMENT

De 20	à 25 fr.	1 fr.	par semaine.
25 —	40 —	1 50	—
40 —	50 —	2	—
50 —	75 —	3	—
75 —	100 —	4	—

Au dessus de **100 fr.**, on traite de gré à gré avec la direction.

NOTA. — Les Courtiers et Receveurs devront recevoir **UN FRANC** pour chaque carnet qu'ils délivreront à valoir sur l'achat à faire, et remboursable au cas ou le client n'achèterait pas.

ENTRÉE LIBRE

PEINTURE et VITRERIE

BOIS ET MARBRES
Lettres et Décors

SPÉCIALITÉ DE PAPIERS PEINTS

depuis 0 fr. 20 le rouleau

COLLAGE

A. ARDANT FILS AINÉ

4, Faubourg Boucherie, 4

LIMOGES

MAISON DE CONFIANCE

J.-B. FAURE

HORTICULTEUR

134, Faubourg de Paris, 134

LIMOGES

AVIS

à MM. les Propriétaires et Horticulteurs

du Département et de la Région

OCCASION

M. J.-B. FAURE, horticulteur, Faubourg de Paris, 134, informe sa nombreuse clientèle qu'il tient à sa disposition un grand choix d'Arbres fruitiers, forestiers et Arbustes de toutes essences à des prix surprenants de bon marché, provenant de la pépinière de la Couture, située à Limoges, route de Nexon.

Tous ces arbres sont beaux et bien venus, et son mis en vente à partir d'aujourd'hui. **S'adresse Faubourg de Paris, 134.**

N.-B. — M. FAURE informe le public qu'il es entièrement à la disposition des amateurs pour le plantations et fournitures de belles collections d Fleurs, telles que : Rosiers, Dahlias, Rhododendrums, Azalées, etc.

A SAINT-ÉLOI

JOAILLERIE — **ORFÈVRERIE**

SPÉCIALITÉ
et
MONTURE DE DIAMANTS

ACHAT
d'Or et d'Argent

PENDULES
et
BRONZES EN TOUS GENRES

ACHAT
de Pierres Fines

Horlogerie — Parures de Mariage — Bijouterie

Grand assortiment de BIJOUTERIE et HORLOGERIE en tous genres, le tout à des Prix très modérés.

A. COIFFE

Rue Ferrerie et Place des Bancs, 30, LIMOGES

PHOTOGRAPHIE DU CHALET

A. BASTIER

33, Boulevard Louis Blanc, 33

LIMOGES

PORTRAITS DE TOUTES DIMENSIONS

en noir ou coloriés

SPÉCIALITÉ D'AGRANDISSEMENT

Photographies instantanées pour Enfants

Alfred FARGE

17, Boulevard Louis Blanc

LIMOGES

AGENT GÉNÉRAL des Compagnies d'Assurances

GRESHAM

Sur la Vie

LA MUTUELLE DE L'OUEST

Contre l'Incendie

LA PRÉVOYANCE

Contre les Accidents

LA CONFIANCE

Contre la Grêle

CRÉATION ET ENTRETIEN DE PARCS ET JARDINS
FOURNITURES ET PLANTATION
d'Arbres et Plantes de toutes sortes

E. LANDRON
HORTICULTEUR-PAYSAGISTE
LIMOGES
121 bis, Faubourg de Paris

Taille des Arbres

CHOISET
23, Place de la Mothe, LIMOGES

HERNIAIRE, BANDAGISTE, ORTHOPÉDISTE
Bandages, Ceintures, Corsets

A. MALINVAUD
GRAVEUR SUR TOUS MÉTAUX ET EN TOUS GENRES
LIMOGES, 2 Rue Dalesme, 2, LIMOGES

FABRIQUE DE TIMBRES EN CAOUTCHOUC

VÊTEMENTS SUR MESURE

LÉON MALITTE

MARCHAND TAILLEUR

19, BOULEVARD DE LA PYRAMIDE

LIMOGES

ARMES ET ARTICLES DE CHASSE

MAISON DE CONFIANCE

A. GIRARD

LIMOGES — 11, rue Saint-Martial, 11 — LIMOGES

Grande réduction de prix sur les Armes et Articles de chasse pour cause de fin de saison.

Vente de Tricycles à partir de **115** fr. — De Tendems à **310** fr. — De Bicycles à **150** fr. — De Bicyclettes à **180** fr.

Cartouches vides et chargées. — Echange et réparation d'Armes et de Tricycles. Cannes-fusils et Cannes à épée.

LIMOGES A GUÉRET — MONTLUÇON — LYON

Prix des Places 1re cl.	2e cl.	3e cl.	STATIONS		84 EXPRES 1.2.3.	2264 EXPRES 1.2.3.	524 OMNIB. 1.2.3.	526 DIRECT 1.2.3.	2138 MIXTE 1.2.3.	2268 DIRECT 1.2.3.
fr. c.	fr. c.	fr. c.			matin	matin	matin		soir	soir
»	»	»	**Limoges** (Bénédictins)	départ..	2 14	2 30	7 15	midi58	5 53	4 27
0 70	0 55	0 33	Puy-Imbert		»	»	»	1 02	5 59	4 34
1 35	1 20	0 83	Les Bardy-St-Priest		»	»	7 35	1 20	6 36	4 50
2 35	1 75	1 25	Ambazac		»	»	7 48	1 32	7 03	5 03
3 15	2 40	1 75	La Jonchère		»	»	8 04	1 47	7 37	5 19
»	3 10	2 30	St-Sulpice-Laurière	arrivée..	2 58	3 22	8 16	1 58	7 57	5 34
4 15	»	»		départ..	3 06	5 04	8 35	2 17	8 15	5 40
5 70	4 30	3 15	Matsac		»	5 50	8 59	2 39	8 40	6 14
6 70	5 00	3 70	Vioilloville		3 37	6 36	9 15	2 52	8 55	6 30
7 70	5 75	4 25	Montaigut		»	7 21	9 28	3 03	9 07	6 46
»	»	»	La Brionuc		»	8 01	9 44	3 18	9 22	7 07
7 80	5 85	4 30	**Guéret**	arrivée.	4 08	8 19	9 56	3 29	9 33	7 24
»	»	»		départ..	4 10	matin	10 01	3 32	»	7 27
9 70	7 25	5 30	Busseau d'Ahun	arrivée.	4 29	»	10 27	3 56	soir	7 37
				départ..	4 33	»	10 45	4 01	»	8 04
19 30	14 45	10 65	**Montluçon**	arrivée.	6 07	»	midi57	5 58	»	10 40
				départ..	6 18	»	1 20	6 30	»	»
27 65	20 70	15 25	Gannat		8 18	»	3 36	8 40	»	»
»	»	»	**Lyon**	arrivée.	2 06	»	10 28	»	»	»
					soir	»	soir		»	

VIEILLEVILLE A BOURGANEUF

1re cl.	2e cl.	3e cl.	STATIONS		1.2.3.	1.2.3.	1.2.3.
fr. c.	fr. c.	fr. c.			matin	soir	soir
»	»	»	**Vieilleville**	départ.	6 35	3 00	9 00
0 95	0 70	0 55	St-Dizier		6 53	3 22	9 15
1 70	1 30	0 90	Bosmorcau-les-Nines		7 10	3 40	9 28
2 45	1 85	1 35	**Bourganeuf**	arrivée	7 21	3 51	9 39

LYON — MONTLUÇON — GUÉRET — LIMOGES

STATIONS	61 EXPRES 1.2.3.	521 OMNIB. 1.2.3.	599 OMNIB. 1.2.3.	523 OMNIB. 1.2.3.	527 EXPRES 1.2.3.	EXPRES 1.2.3.	2267 MIXTE. 1.2.3.	2261 MIXTE. 1.2.3.
	soir	matin	matin	soir	soir	soir	soir	matin
Lyon ... départ.	3 25	»	8 42	7 45	»	»	»	
Gannat ...	9 22	»	s. 4 05	5 30	11 37	»	»	
Montluçon ...	11 26	»	7 45	8 45	1 36	»	soir	
Busseau d'Ahun ... arrivée.	1 03		9 31	10 21	3 25	»	6 50	
Busseau d'Ahun ... départ.	1 06	4 55	9 36	10 29	3 29	»	»	
Guéret ...	1 31	5 28	10 05	11 45	4 04	»	7 33	
La Brionne ...	»	5 44		midi	4 20	»	7 52	6 35
Montaigut ...	»	5 58	»	midi 13	4 34	»	8 07	7 00
Vieilleville ...	2 01	6 12	»	midi 30	4 47	»	8 21	7 20
Marsac ...	»	6 26	»	midi 43	5 01	»	8 41	7 40
St-Sulpice-Laurière ... arrivée.	2 31	6 48	»	1 03	5 24	»	9 07	8 02
St-Sulpice-Laurière ... départ.	2 39	7 40	»	1 25	5 29	8 10	9 25	8 31
La Jonchère ...	»	7 53	»	1 39	5 42	8 25	9 46	matin
Ambazac ...	»	8 04	»	1 51	5 53	8 38	10 03	
Les Bardys St-Priest ...	»	8 13	»	2 00	6 02	8 48	10 16	
Puy-Imbert ...	3 14	8 26	»	2 14	6 15	9 02	»	
Limoges (Bénédictins)..arrivée.	3 20	8 36	»	2 23	6 24	9 12	10 45	
	matin	matin	»	soir	so'r	soir	soir	

BOURGANEUF A VIEILLEVILLE

STATIONS	1.2.3.	1.2.3.	1.2.3.
	matin	matin	soir
Bourganeuf ... départ.	5 25	11 30	7 30
Bosmoreau-les-Mines ...	5 37	11 47	7 43
Saint-Dizier ...	5 49	12 03	7 56
Vieilleville ... arrivée	6 01	12 16	8 09

PRODUITS SPÉCIAUX VÉTÉRINAIRES

préparés à la

Pharmacie RÉGAT

13, Place de la Mothe, et rue Léonard-Limosin, 8

En face la Rue d'Aguesseau et les Nouvelles Halles

LIMOGES

DIARRHÉE DES JEUNES VEAUX

Le dévoiement qui d'abord paraît insignifiant fait des ravages terribles dans les ables; le jeune veau surtout est sujet à cette maladie.

La poudre anti-diarrhéique, préparée par G. RÉGAT, pharmacien à Limoges, rête sûrement cette diarrhée et les jeunes veaux reviennent à la santé.

ROUGET DU PORC

ROUGET DU PORC

Le rouget est une maladie insidieuse dont l'éleveur doit se méfier.

Après l'achat d'un cochon, on doit s'occuper d'éviter la maladie. Pour cela, on n'a qu'à lui faire prendre des paquets n° 1 dits *Préservatifs du rouget*, à la dose de 4 en 2 jours, c'est-à-dire un paquet matin et soir, délayé dans de l'eau de son.

Un propriétaire des environs m'écrivait :

« Depuis deux ans la plupart des cochons de mes voisins sont morts du rouget, « et les miens n'ont nullement été atteints, grâce à votre puissant préservatif. »

Paquets N° 2

Si le rouget est à l'état d'épidémie dans le pays, on fera prendre tous les jours et à chaque porc, un paquet de la poudre N° 2, c'est le meilleur moyen de le préserver de la contagion.

Dans le cas où l'animal serait atteint de cette terrible maladie, on lui en ferait prendre un paquet toutes les 3 heures.

Piétin

Piétin

Le Piétin est une maladie particulière au mouton ; il a son siége à l'ongle du pied. Cette affection n'est pas meurtrière, mais si on n'y porte remède elle finit par déchausser la dernière phalange du pied de l'animal.

Une à deux applications du spécifique contre le Piétin de G. RÉGAT suffisent pour faire disparaître l'ulcère, même si le sabot est décollé.

Spécialité de Décoration d'Églises et de Châteaux

E. LAZARUS

Une médaille d'honneur; 5 médailles, vermeil, argent, bronze

Boulevard de la Cité, 11, LIMOGES

Atelier de Moulage pour Statues religieuses

Magasin spécial et grand assortiment de Statues religieuses et Chemins de Croix en plastique, Plâtre, Carton romain, Terre cuite et Bois en blanc au polychromée

Restauration de Tableaux et Objets d'art

P.-S. — 15 0/0 de remise sur n'importe quel catalogue

LA PROVIDENCE

Assurances sur la Vie et contre les Accidents

Siège social : 12, RUE DE GRAMMONT, PARIS

Direction de Limoges : 30, Rue de Châteauroux

H. MONTEL, *Directeur*

BOUDY

TAILLEUR & CHEMISIER

Boulevard du Collège, 23, et Boulevard de Fleurus, 12, LIMOGES

Livrées, Vêtements de chasse, Culottes civiles et militaires
Caoutchoucs sur mesure.

Aux grandes Pépinières du Centre

A. LAURENT & Cie

HORTICULTEURS-PÉPINIÉRISTES

Avenue de Louyat, 1, LIMOGES

Arbres Fruitiers, Forestiers & d'Ornement

Grande quantité de Pommiers à cidre & à couteau

ARBUSTES, CONIFÈRES, ROSIERS

Spécialité de jeunes Plants pour reboisement

TRACÉS DE PARCS ET JARDINS

PAYSAGES

Envoi franco sur demande des Catalogues et du Prix Courant de l'année.

FABRIQUE

DE

BISCUITS

CUILLÈRE

EXTRA

LES INCOMPARABLES

AUFRÈRE

Confiseur

EYMOUTIERS

(Haute-Vienne)

GRANDE CIDRERIE
DU
CENTRE

Cidre pur jus de pommes **55** fr. la barrique
ordinaire. . . . **40** fr. —

Nu, pris en gare de Lubersac (Corrèze)

RENSEIGNEMENTS SUR DEMANDE

S'adreser à M. **PUYMORI**, Château-Chervix, par Magnac-Bourg (Haute-Vienne).

VENTE ET ACHAT DE POMMES A CIDRE

A SAINT-HUBERT

Robert GEANTY, armurier

Rue d'Aguesseau, 1, LIMOGES

Articles de Chasse, de Pêche, d'Escrime

FEUX D'ARTIFICE

Atelier spécial de réparations

LIVRAISON RAPIDE ET TRÈS SOIGNÉE

DÉBIT DE POUDRE DE CHASSE ET DE MINE

Maison RANCIAT-BASTIEN

A. BRISSET

SUCCESSEUR

37, Rue du Clocher, LIMOGES

HORLOGERIE, BIJOUTERIE, ORFÈVRERIE, JOAILLERIE

Grand choix de MONTRES, PENDULES, RÉVEILS

ARTICLES POUR MARIAGES

FABRIQUE & MAGASIN DE CHAUSSURES
Cousues et Vissées
CHAUSSURES SUR MESURE
Maison Veuve Adolphe BRÉDIF
Limoges, 18, rue des Taules. -- Tours, 18, rue du Commerce

MAGASIN DE CUIRS
Et Fournitures pour Chaussures
8, RUE DE LA COURTINE

FRONT
LIMOGES, 8, Rue du Maupas, 8, LIMOGES

FABRIQUE ET RÉPARATION D'ORNEMENTS D'ÉGLISE DE TOUTE SORTE.
PRIX MODÉRÉS

PAUL BARDENAT
PUBLICITÉ
Afficheur de la Ville ; Adjudicataire des Murs Communaux et Kiosques Lumineux, de Limoges et Clermont-Ferrand (Puy-de-Dôme).
8, Place des Jacobins, LIMOGES

LIMOGES — PÉRIGUEUX — BORDEAUX

Prix des Places 1re cl.	2e cl.	3e cl.	STATIONS	17 EXPRES 1.2.3.	61 EXPRES 1.2.3.	723 OMNIB. 1.2.3.	37 EXPRES 1.2.3.	1- EXPRES 1.2.3.	5 OMNIB. 1.2.
fr. c.	fr. c.	fr. c.		matin	matin	matin	matin	soir	soir
»	»	»	**Limoges** (Bénédictins).	3 12	3 27	6 15	9 25	3 00	6 45
1 40	1 00	0 70	Beynac.	»	»	6 32	9 41	3 15	7 01
2 50	1 85	1 30	Nexon.	3 38	3 53	6 52	10 03	3 30	7 19
3 45	2 55	1 85	Lafarge.	»	»	7 08	10 17	3 44	7 33
4 70	3 50	2 60	Bussière-Galant.	3 59	4 14	7 22	10 29	3 56	7 45
5 95	4 45	3 25	La Coquille.	4 11	4 26	7 37	10 42	4 09	7 58
7 65	5 70	4 15	Thiviers.	4 30	4 43	8 00	11 01	4 30	8 18
8 85	6 65	4 90	Negrondes.	»	»	8 15	11 14	4 43	8 31
10 25	7 65	5 60	Agonac.	»	»	8 31	11 28	4 57	8 45
11 10	8 30	6 10	Château-l'Evêque.	»	»	8 42	11 38	5 07	8 55
12 20	9 10	6 70	**Périgueux** arrivée.	5 10	5 25	9 00	11 54	5 23	9 11
»	»	»	**Périgueux** départ.	5 33	»	10 15	3 07	5 30	9 19
			Coutras arrivée.	7 13	»	midi 21	4 56	7 24	11 02
21 45	16 »»	11 75	Coutras départ.	7 18	»	» 40	3 09 / 3 15	9 14 / 9 25	soir
23 35	17 50	12 85	Libourne.	7 40	»	1 04	3 27 / 3 48	9 33 / 9 53	11 08
27 70	20 70	15 20	**Bordeaux**.	8 24	»	1 47	3 57 / 6 55	10 14 / 10 55	11 32
				matin	matin	soir	soir / soir	soir / soir	min. 25

MABILLE, boulevard Montmailler, 10. — LIMOGES
(Haute-Vienne)

Conduites d'eau — Fabrique de tuyaux et bacs en ciment; Carrelages mosaïques par incrustation imitant le marbre
Deux diplomes, vingt médailles, or, vermeil, argent et bronze. — Paris 1889, trois récompenses

BORDEAUX — PÉRIGUEUX — LIMOGES

STATIONS		861 DIRECT. 1.2.3.	74-2 1.2.3.	40 OMNIB. 1.2.3.	1680 1.2.3.	936 1.2.3.	80 EXPRES 1.2.3.	938 EXPRES 1.2.3.	1684 OMNIB. 1.2.3.
		matin	matin		soir	matin	soir	soir	soir
Bordeaux (B)			7 22	»	1 30	10 45	9 »»	3 34	7 15
Libourne			8 »»	»	2 38	12 03	9 37	4 22	8 26
Coutras	arrivée.		8 21	»	3 04	12 31	9 55	4 50	8 51
	départ.	3 15	8 25	»	3 20	12 55	10 »»	5 20	10 »»
Périgueux	arrivée.	5 05	10 15	»	5 35	3 05		8 34	11 46
	départ.	5 38	10 21	midi58	6 27		min.08	11 53	
Château-l'Evêque		5 51	10 35	1 12	6 42		»	»	
Agonac		6 01	10 45	1 22	6 53		»	»	
Négrondes		6 17	11 02	1 39	7 11		»	»	
Thiviers		6 35	11 20	2 00	7 34		min.37	min.42	
La Coquille		6 55	11 41	2 21	7 57		»	»	
Bussière-Galant		7 11	11 58	2 38	8 15		1 30	1 14	
Lafarge		7 23	midi11	2 51	8 32		»	»	
Nexon		7 44	» 23	3 05	8 44		1 53	1 35	
Boynac		7 56	»	3 19	8 59		»	»	
Limoges (Bénédictins)		8 10	midi32	3 38	9 15		2 20	2 05	
		matin	soir				matin		

AUX DÉLICES DES DAMES

HORLOGERIE, BIJOUTERIE, JOAILLERIE, ORFÈVRERIE

Paul ESCOT

Elève diplômé de l'Ecole Nationale d'Horlogerie

12, rue du Clocher et rue Gaignolle, 1. — LIMOGES

CORBEILLES DE MARIAGES, BRONZE D'ART, ARTICLES DE FANTAISIE

A LA VILLE DE PARIS

Place Saint-Martial, 1 et 3, LIMOGES

MAISON C. BARNY

Lainages et Soiries Haute Nouveauté

GRAND ASSORTIMENT DE BLANC

LINGE DE TABLE ET DE TOILETTE

Articles pour Trousseaux et Layettes

ROBES ET CONFECTIONS

Vêtements pour Hommes

CHEMISES SUR MESURE

Fournisseur de l'Uniforme de l'Ecole St-Martial et du Dorat

GUÉRISON INSTANTANÉE
des Névralgies faciales

Douleurs d'oreilles, Migraines, Maux de tête, lors même que les dents sont cariées

PAR

L'ALGOSTATIQUE

PRÉPARÉ PAR

DUMONT, Pharmacien-Chimiste

Médecin de la Faculté de Paris

Prix du flacon : **2** fr., franco par la poste

PHARMACIE NORMALE

DE LA HAUTE-VIENNE

7, Faubourg des Arènes, 7, LIMOGES

M. BRUNOT, Pharmacien, **à Chambon**

NOTA. — Il ne sera répondu qu'aux lettres contenant un mandat-poste de **2** fr.

Grande scierie des Charentes

LIMOGES, Rue de la Fonderie, LIMOGES

SCIAGE A FAÇON

BOIS EN GRUMMES, CHARPENTES, MENUISERIE, CHARRONNAGE, ETC.

COPEAUX A VINAIGRE

Vente et fabrication de bois de sabots (napolitains).

LOCATION DE FORCE MOTRICE

HUILES DE PIEDS DE MOUTON

Extra-supérieure

SPÉCIALEMENT PRÉPARÉE POUR

Machines à coudre et à porcelaines, Moteurs à gaz, Imprimeries, etc.

Chez MALINVAUD-BERGER

Guano du Pérou dissous, et autres engrais de la The Anglo-Continental (Late Ohlendorffs). **Guano Works** de Londres représenté à Paris par Th. PITLER et à Limoges, par MALINVAUD-BERGER.

Mme Veuve BORDE

17, Rue Pont-Hérisson, 17 — Limoges

A l'honneur de prévenir la nombreuse et fidèle clientèle de feu son mari qu'avec le concours de son fils et celui des plus anciens et dévoués ouvriers de la maison, elle continuera d'entreprendre et de faire exécuter avec soin tous les travaux de peinture, décoration et vitrerie qu'on voudra bien lui confier à Limoges comme dans le département.

HORLOGERIE, BIJOUTERIE

JAMMES

Place de la Mothe 6, et rue Pennevayre, Limoges.

CORBEILLES DE MARIAGE — ACHAT D'OR ET D'ARGENT
RÉPARATIONS EN TOUS GENRES

EAU MINÉRALE NATURELLE
DE

VICHY

Source REIGNIER à SAINT-YORRE

Approuvée par l'Académie de Médecine, Autorisée par l'Etat

Plus FROIDE, plus GAZEUSE, plus MINÉRALISÉE et plus LITHINÉE que les Célestins et les autre sources; la plus reconstituante et la plus riche du bassin; la moins altérable par le transport. Souveraine contre les maladies *du foie, de l'estomac, de la rate, diabète, coliques hépatiques, affections goutteuses, graveleuses, albuminerié, anémie, fièvres bilieuses et paludéennes.*

Prix : 20 francs la caisse de 50 litres

Emballage compris, FRANCO, gare St-Yorre
Dépôt chez tous les pharmaciens, Droguistes, Marchands d'Eaux Minérales de France et de l'Etranger.

ADRESSER LES COMMANDES A L'ADMINISTRATION DE LA SOURCE REIGNIER
A Saint-Yorre, près Vichy.

LIMOGES — BELLAC — LE DORAT — POITIERS

Prix des Places 1re cl. fr. c.	2e cl. fr. c.	3e cl. fr. c.	STATIONS	1652 DIRECT 1.2.3.	1654 OMNIB. 1.2.3.	2934 MIXTE 1.2.3.	1636 OMNIB. 1.2.3.
				matin	matin	soir	soir
			Limoges (Bénédictins)	2 20	7 15	12 58	4 27
»	»	»	**Limoges** (Montjovis)...........	4 03	7 32	11 02 mat.	5 30
1 10	0 80	0 60	Couzeix-Chaptolat..................	»	7 50	11 37	5 47
2 05	1 55	1 15	Nieul..................................	»	8 07	midi05	6 00
2 55	1 90	1 40	La Boisserie........................	»	8 17	midi22	6 10
2 95	2 20	1 65	Thouron-Peyrillac................	»	8 28	midi38	6 20
3 30	2 45	1 80	Nantiat...............................	4 53	8 37	1 06	6 28
3 75	2 85	2 05	Vaulry.................................	»	8 47	1 22	6 37
4 55	3 40	2 50	Blond-Berneuil.....................	»	8 57	1 39	6 46
5 40	4 05	2 95	**Bellac**..............................	5 25	9 23	2 15	7 03
6 15	4 60	3 40	St-Ouen..............................	5 37	9 35	2 34	7 15
6 95	5 20	3 85	**Le Dorat**..........................	6 34	10 04	3 21	7 54
17 20	12 90	10 45	**Poitiers**...........................	9 54	midi30	5 30	10 27
				matin		soir	soir

Le train 1614 partant de Limoges à 7 h. 15 du matin va directement à Poitiers. Les voyageurs ne changent pas de voiture.

ST-SULPICE-LAURIÈRE AU DORAT

1re cl. fr. c.	2e cl. fr. c.	3e cl. fr. c.	STATIONS	1612 1.2.3.	1614 1.2.3.	1616 1.2.3.	1618 1.2.3.
				matin	matin	soir	soir
»	»	»	**St-Sulpice-Laurière**.départ..	5 00	8 40	2 12	6 05
0 70	0 55	0 35	Bersac..................................	5 11	8 50	2 21	6 18
1 85	1 35	0 95	Bessines...............................	5 28	9 06	2 35	6 39
2 85	2 10	1 50	Châteauponsac.....................	5 46	9 22	2 48	6 59
4 45	3 30	2 40	Droux..................................	6 14	9 43	3 06	7 23
5 25	3 95	2 90	**Le Dorat**...............arrivée	6 28	9 56	3 19	7 37

Nouhaud Frères, *4, boul. Montmailler, Limoges.* Rhum, Cognac, Vins fins, Spiritueux, spécialité de Bitter, Anisette, Crême de Cacao brune. **Norwège,** liqueur à base de goudron.

POITIERS — LE DORAT — BELLAC — LIMOGES

STATIONS	1651 OMNIB. 1.2.3.	1653 OMNIB. 1.2.3.	1615 MIXTE 1.2.3.	1655 OMNIB. 1.2.3.
	matin	matin		soir
Poitiers	3 40	9 00	midi 43	5 25
Le Dorat	6 35	midi 02	3 35	7 59
St-Ouen	6 50	midi 17	4 01	8 14
Bellac	7 06	midi 32	4 45	8 29
Blond-Berneuil	7 19	» 45	5 10	8 42
Vaulry	7 28	» 54	5 28	8 51
Nantiat	7 38	1 05	5 47	9 01
Thouron-Peyrillac	7 48	1 15	6 22	9 11
La Boisserie	7 56	1 23	6 37	9 19
Nieul	8 06	1 32	6 52	9 28
Couzeix-Chaptelat	8 22	1 48	7 23	9 44
Limoges (Montjovis)	8 37	2 06	7 49	10 02
Limoges (Benedictins)	8 36	2 23	6 24	10 45
	matin	soir	soir	soir

Le train 1615 qui part de Poitiers à midi 43 vient à Bénédictins sans changement de voiture et arrive à 6 h. 24.

LE DORAT A ST-SULPICE-LAURIÈRE

STATIONS	1611 1.2.3.	16[illegible] 1.2.3.	1615 1.2.3.	1617 1.2.3.
Le Dorat départ	5 59	11 57	3 20	7 55
Droux	6 13	midi 11	3 35	8 09
Châteauponsac	6 34	midi 35	3 58	8 32
Bessines	6 48	midi 50	4 13	8 47
Bersac	7 03	1 07	4 30	9 03
St-Sulpice-Laurière arrivée	7 13	1 18	4 41	9 14
	matin	soir	soir	soir

Nouhaud Frères, *4, boul. Montmailler, Limoges.* Rhum, Cognac, Vins fins, Spiritueux, spécialité de Bitter, Anisette, Crème de cacao brune, **Norwège,** liqueur à base de goudron.

PHOTOGRAPHIE FRANÇAISE

25, Faubourg de Paris, 25 — LIMOGES

J. SUGEY

BRÉVETÉ S. G. D. G.

PHOTOGRAPHIE EN TOUS GENRES

AGRANDISSEMENTS ET REPRODUCTIONS

PORTRAITS SUR PORCELAINE RESSEMBLANCE GARANTIE

Cette maison se recommande au public par le bon marché et l'exécution irréprochable du travail. En outre de cela, elle offre comme **PRIME :**

Un Portrait inaltérable, grandeur nature

a tout client faisant une commande

D'une Douzaine de Photographies

M. SUGEY, vient d'innover dans ses ateliers le procédé au charbon dont les cartes sont si appréciées du public.

La douzaine de Photographies album

de ce genre vendue ailleurs **60** *à* **80** *fr., est laissée par lui à* **40** *francs.*

ATELIER D'ÉMAILLAGE

et

Vente d'Appareils et Produits Photographiques

PRIX RÉDUITS

Les photographies sauf les agrandissements, sont livrées régulièrement HUIT jours après la pose.

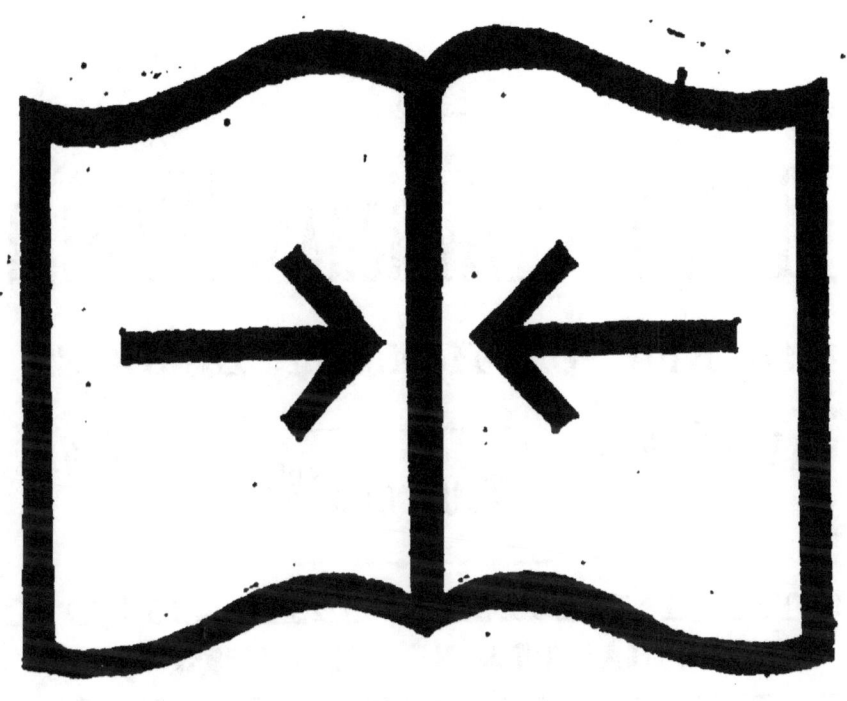

RELIURE SERRÉE
ABSENCE DE MARGES INTÉRIEURES

VALABLE POUR TOUT OU PARTIE DU DOCUMENT REPRODUIT

GEAY MARCHAND-TAILLEUR

16, Rue Pont-Hérisson, LIMOGES

VÊTEMENTS EN TOUS GENRES SUR MESURE

DRAPERIES DE CHOIX

HAUTES NOUVEAUTÉS

CASSIN ERNEST

Vinaigrerie centrale de Limoges

LAFFARGUE Aîné, Successeur

SPÉCIALITÉ DE VINAIGRE DE VIN VINÉ

VINAIGRE DE TABLE EXTRA

Vinaigre d'alcool concentré pour conserve

Limoges, 35, Faubourg du Pont-Neuf, 35, Limoges

BOIS DE CHAUFFAGE

GROS ET DÉTAIL

E. DESCHAMPS

venue du Sablard, 1 (Pont-St-Etienne) **LIMOGES**

Chantiers couverts permettant de fournir toute année des bois et des fagots secs.

Bois rondin ou quartier par wagons, au poids, au stère, scié cassé au gré de l'acheteur.
Fagots.
Souches cassées ou non.
Houilles de toutes provenances.
Coke cassé, **Briquettes** perforées.
Charbon de bois.

. THÉRON & C. DUMAS

ENTREPRENEURS D'ÉTUDES

4, rue des Augustins. — LIMOGES

nt l'honneur d'informer MM. les Propriétaires qu'ils se chargent aussi des plans topographiques des propriétés avec courbes de niveau pour l'irrigation des prés.

XÉCUTION RAPIDE & PRIX TRÈS MODÉRÉS

SOCIÉTÉ GÉNÉRALE

Pour favoriser le développement du Commerce & de l'Industrie en France

FONDÉE SUIVANT DÉCRET DU 4 MAI 1864

CAPITAL : 120 MILLIONS

Siège Social 54 et 56, rue de Provence, PARIS

AGENCE DE LIMOGES : 25, Boulevard Louis Blanc

Principales Opérations de l'Agence

Escompte et encaissement des effets de Commerce.
Ouverture de comptes, de chèques et de comptes courants.
Achat et vente de valeurs.
Avances sur titres et comptes courants garantis.
Opérations sur titres (échanges, renouvellements, conversions, etc.)
Paiement de coupons.
Garde de titres.
Souscription à toutes les émissions.
Emission de Bons à échéance fixe.
Emission de billets de crédit circulaires et de lettres de crédit sur la France et sur l'Etranger.
Crédits documentaires, et en général toutes les opérations de banque

BUREAUX DANS LA BANLIEUE DE PARIS

Charenton (St-Maurice), rue Mandé, 8.
Boulogne-sur-Seine, boul. de Strasbourg, 18.
Neuilly-sur-Seine, 133, a. de Neuilly.
Saint-Denis, rue de Paris 70.
V.ncenne, rue de l'Hôtel-de-Ville.

Agen.
ix (B.-du-Rh.).
lais.
Albi.
lençon.
miens.
Angers.
Angoulême.
Annecy.
nonay.
Apt.
Arles.
Arras.
uch.
Aurillac.
Auxerre.
Avignon.
-le-Duc.
yonne.
uvais.
lfort.
rgerac.
nçon.
Béziers.
Blois.
rdeaux.
ulogne-s.-Mer.
urges.
rest.

Brives.
Caen.
Cahors.
Cambrai.
Carcassonne.
Carpentras.
Castres.
Cette.
Châlons-s.-Saône.
Châlons-s.-Marne.
Chartres.
Châteauroux.
Chaumont.
Cherbourg.
Clermont-Ferrand
Dax.
Dieppe.
Dijon.
Douai.
Draguignan.
Dreux.
Dunkerque.
Elbeuf.
Epernay.
Epinal.
Fontainebleau.
Gaillac.
Grenoble.
Havre (le).

Honfleur.
La Rochelle.
Laval.
Lille.
Limoges.
Lisieux.
Lodève.
Lorient.
Lyon.
Mâcon.
Mans (le).
Marmande.
Marseille.
Montauban.
Montereau.
Montluçon.
Montpellier.
Moulins.
Nancy.
Nantes.
Narbonne.
Nevers.
Nice.
Nîmes.
Niort.
Orléans.
Pau.
Périgueux.
Perpignan.

Poitiers.
Puy (le).
Reims.
Rennes.
Rive-de-Gier.
Roanne.
Rodez.
Roubaix.
Rouen.
Saint-Brieuc.
Saint-Etienne.
St-Germ.-en-Laye
Saint-Lô.
Saint-Malo.
Saint-Servan.
Saint-Quentin.
Saumur.
Sedan.
Sens.
Tarbes.
Thiers.
Toulon.
Toulouse.
Tours.
Troyes.
Valence.
Valenciennes.
Versailles.
Vichy.

AGENCES ÉTRANGÈRES

GENCE DE LONDRES

, Lombard Str. E. C.

S^té G^le ALSACIENNE DE BANQUE

AGENCES

Colmar.
Guebwiller.
Metz.
Mulhouse.
Strasbourg.
Francfort s. le Mein.

BUREAUX DE QUARTIERS DANS PARIS

r. N.-D. des Victoires, 48 (place de la Bourse).
boulev. Malesherbes, 37
rue de Turbigo, 38.
rue du Bac, 13.
rue Saint-Honoré, 221.
rue Ste-Croix Breton. 34
boul. St-Germain, 96.
boulv. Voltaire, 21.
b. St-Germain 13 (Entr. des vins.
r. du Pont-Neuf 24 (Halles Centr.).
rue de Passy, 56.

L rue de Clichy, 72.
M boulevard Magenta, 57.
N r. du Fg-St-Honoré, 103.
O r. St-Antoine, 236 (pl. de la Bastille).
P p. de l'Opéra, 4 (English and American Office).
R rue du Louvre (Bourse du Com.).
S faub. Poissonnière, 11.
U car. de la Croix-Rouge, 2
V boul. de Sébastopol, 114.
W rue de Flandre, 105 (La Villette).

Y r. des Archives, 15 bis.
AB carrefour de Buci, 2.
AC rue Lecourbe, 95 (Vaugirard-Gren.).
AD avenue des Ternes, 59.
AE av. d'Orléans, 7 (Mont.)
AI rue de Lafayette, 94.
AJ av. des Champs Elysées
AL rue Monge, 93 (Halle aux Vins).
AM boul. Hausmann, 113.
AO rue Donizelli, 4 (Auteuil).

LIMOGES — EYMOUTIERS — USSEL — ROYAT — CLERMONT-FERRAND

Prix des Places 1re cl.	2e cl.	3e cl.	STATIONS	882 OMNIB. 1.2.3.	1816 OMNIB. 1.2.3.	884 OMNIB. 1.2.3.	886 1.2.3.	888 OMNIB. 1.2.3.	890 OMNIB. 1.2.3.
fr. c.	fr. c.	fr. c.		matin	matin	matin		soir	soir
»	»	»	**Limoges** (Montj.)..	»	7 54	9 57	»	4 50	6 15
»	»	»	Limoges-Bénédictins..	5 44	»	»	»	»	»
0 70	0 55	0 35	Puy-Imbert..........	5 49	8 01	10 04	»	4 58	6 23
1 85	1 35	0 95	St-Priest-Taurion.....	5 42	8 26	10 27	»	5 29	6 48
2 45	1 80	1 35	Brignac (halte)......	5 50	8 35	10 35	»	5 38	6 57
3 05	2 30	1 70	St-Léonard	6 02	8 54	10 47	»	5 57	7 12
3 45	2 55	1 85	Farebout (halte).....	6 09	9 02	10 54	»	6 05	7 20
4 05	3 00	2 20	St-Denis-des-Murs ...	6 17	9 11	11 02	»	6 15	7 29
5 15	3 90	2 85	Châteauneuf-Bujaleuf.	6 35	9 27	11 18	»	6 40	7 48
5 65	4 20	3 10	Bussy-Varache (halte)	6 43	9 36	11 26	»	6 49	7 57
6 25	4 70	3 45	Eymoutiers.........	6 58	9 46	11 42	»	7 01	8 14
12 40	9 30	6 85	Meymac.............	8 40	matin	1 25	matin		9 57
14 00	10 55	7 70	**Ussel**........arrivée.	9 04		1 44	»	matin	10 22
»	»	»	» ....départ.	9 14	(A)	2 00	6 00	6 30	soir
16 25	12 20	8 95	Eygurande Merl.arriv.	9 49	»	2 33	6 33	7 02	
»	»	»	» départ.	9 52	»	2 38	6 38	7 05	»
18 95	14 20	10 45	Laqueuille ....arrivée	10 35	»	3 22	7 21	7 48	»
»	»	»	» départ	10 55	»	3 27	7 28	7 55	
26 20	19 65	14 40	Royat	midi 51	»	5 26	9 31	9 49	
26 80	20 40	14 75	**Clermont-Ferrand**	1 01	»	5 36	9 42	9 59	
				soir		soir	matin		

Trains partant de Montjovis, correspondant à Puy-Imbert

	matin	matin	matin
Gare Montjovis.......	3 00	5 00	8 11
Puy-Imbert.........	3 07	5 08	8 17

CHAPELLERIE FASIONHABLE

Maison ROZIER

17, rue des Taules. — LIMOGES

Se recommande pour ses mesures au conformateur.
Képys officiers sur mesure.

CLERMONT — ROYAT — USSEL — EYMOUTIERS — LIMOGES

STATIONS	875 OMNIB.	879 OMNIB.	881 DIRECT	885 OMNIB.	887	889	1817 OMNIB.
			matin	matin	soir	soir	
Clermont-Ferrand			5 47	11 34	3 05	6 00	
Royat	»	»	5 59	11 46	3 20	6 16	
Laqueuille .... arrivée	»	»	7 54	1 30	5 39	8 34	(A)
» .... départ	»	»	7 56	1 53	5 47	8 40	»
Eygurande .... arrivée	»	»	8 39	2 36	6 35	9 22	»
» .... départ	»	»	8 42	2 40	6 41	9 25	»
Ussel .... arrivée.	»	matin	9 14	3 11	7 19	9 56	»
Ussel .... départ.	»	5 35	9 40	4 15	soir	soir	»
Meymac	matin	6 04	10 03	4 40			soir
Eymoutiers	6 13	8 00	11 46	6 22	»	»	4 10
Bussy-Varache (halte)	6 22	8 10	11 55	6 31	»	»	4 19
Châteauneuf-Bujaleuf	6 33	8 21	12 05	6 41	»	»	4 29
St-Denis-des-Murs	6 48	8 37	12 21	6 56	»	»	4 45
Farebout (halte)	6 56	8 46	midi30	7 04	»	»	4 54
St-Léonard	7 05	8 56	midi41	7 14	»	»	5 03
Brignac (halte)	7 15	9 06	midi51	7 24	»	»	5 15
St-Priest-Taurion	7 23	9 16	1 00	7 32	»	»	5 27
Puy-Imbert	7 46	9 42	1 24	7 55	»	»	5 51
LIMOGES (Bénédictins)	»	»	»	8 03	»	»	»
» (Montjovis).	7 52	9 55	1 35		»	»	5 59
	matin	matin	soir	soir	»	»	soir

Trains correspondant de Puy-Imbert à Montjovis

	matin	matin	soir
Puy-Imbert	3 30	9 00	8 00
Gare Montjovis	3 39	9 09	8 12

(AB) Ces trains n'ont lieu entre *Limoges* et Saint-Léonard que le 1er lundi de chaque mois et le 22 janvier entre Limoges et Eymoutiers que le 1er jeudi de chaque mois et le 3e jeudi de février et de mars.

E. MANDONNAUD

Rue Rafilhoux, 16, LIMOGES

Tourneur sur bois. Tourneur de boules de billards. Vente et réparations de pipes en tous genres.

AMBRE ASSORTIE

9e Année — 5 centimes le numéro — 9e Année

La Gazette du Centre

Journal quotidien, Politique et Indépendant

Organe de la Défense Sociale et des Libertés publiques

Administration et Rédaction : **Boulevard Montmailler, 1, Limoges**

La Gazette du Centre est désignée pour l'insertion des Annonces judiciaires et légales du département de la Haute-Vienne en 1890

ABONNEMENTS (Payables d'avance)	3 MOIS	6 MOIS	1 AN
Limoges.	5	9	18 f.
Hte-Vienne et limitrophes	6	10	20
Autres Départements. .	7	13	25

INSERTIONS		
Annonces. . .	0 f. 30	la ligne
Réclames. . .	50	—
Faits divers. .	60	—

Toutes les communications concernant la Rédaction et l'Administration, doivent être adressées à M. HERBIN, imprimeur à Limoges.

Les annonces sont reçues au bureau du journal, à Limoges ; et à Paris, exclusivement à l'AGENC[illegible] VAS, Place de la Bourse, 8.

A LA VILLE DE LIMOGES

MAGASIN DE CHAUSSURES

FÉLIX RICROCH

32, Rue du Clocher, 32, LIMOGES

Chaussures en tous genres pour Hommes, Dames, Garçons et Fillettes

ATELIER DE RÉPARATIONS

M. SIVIGLIANI

Adjudant maître d'armes au 78e de ligne, en retraite, vient d'ouvrir une Salle d'armes dans la rue des Tanneries, numéro 6, près de la place Jourdan et à proximité du Lycée, aussi élégante que confortable.

Très connu à Limoges, où il réside depuis plusieurs années, l'excellent professeur fait appel à tous ceux qui veulent acquérir d'une façon prompte et sûre la connaissance de l'escrime. Il se rend à domicile.

LEÇONS D'ANGLAIS. — TRADUCTIONS DE LETTRES

Mme LAPLAGNE-QUINN

2, Rue Monte-à-Regret, LIMOGES

Se tient à la disposition des personnes qui désirent prendre des leçons et se rend à domicile. VISIBLE de midi à 2 heures et à partir de 7 heures du soir

MAISON DE CONFIANCE

CAVE BORDELAISE

Rue Saint-Martial, 7, LIMOGES

VINS DE BORDEAUX DE LA MAISON MERMAN

VINS DE BOURGOGNE DE LA MAISON LABOURÉ-ROI

Liqueurs de toutes marques

SALON DE COIFFURE ANGLAIS

MARIUS VERNET

9, Boulevard de la Pyramide, 9, LIMOGES

PARFUMERIE

SAVONNERIE FINE DES PREMIÈRES MARQUES FRANÇAISE & ANGLAIS

POSTICHES EN TOUS GENRES

Articles de Brosserie et Eponges

CRAVATES, GANTS

CARROSSERIE EN TOUS GENRES

Maison recommandée par le soin apporté au travail et son bon marché

J. AUGEY

8, Rue Bernard-Palissy. — LIMOGES

Toutes sortes de voitures en magasin prêtes à livrer

MAISON PERRIER-COSTALLAT

Place Saint-Martial, 6, LIMOGES

ORNEMENTS D'ÉGLISE

MAISON FONDÉE EN 1858

A. Maupetit ET Mapataud Fils

LIMOGES

26 Diplômes d'honneur. Médailles d'or, d'argent, etc., aux grandes expositions

Cognac, Vieille Fine Champagne

Curaçao et Anisette Maupetit

GRANDE LIQUEUR MAUPETIT

KAYBA

Seuls concessionnaires de la Grande Marque RHUM CHRISTOPHE COLOMB

Ville de Limoges

Entreprise de la VOIRIE URBAINE

FAURE & FILS

ENTREPRENEURS

10, Rue Saint-Affre, 10

Avis à MM. les Propriétaires

FOURNITURE ET POSE DE BORDURES DE TROTTOIR

FOURNITURE ET POSE DE PAVÉS DE TOUTES LES DIMENSIONS

Approvisionnement considérable de sable

MACADAM DE TOUTES GROSSEURS

Constructions diverses à forfait, etc.

SÉRIE DE PRIX

PRIX EXCEPTIONNELS DE BON MARCHÉ

Le Moniteur de la Haute-Vienne

Journal des Campagnes

PARAISSANT LE JEUDI ET LE DIMANCHE

Le meilleur marché de la province

CINQ francs par an

Administration et Rédaction : Boulevard Montmailler, 1, Limoges

Adresser lettres et mandats au Directeur du Journal

ABONNEMENTS		ANNONCES	
Haute-Vienne.	Un an **5 fr.**	La ligne	**30** cent.
Autres départements. . . .	— **8 fr.**	Faits divers. . . .	**50** cent.
		On traite de gré à gré pour toute insertion répétée.	

Les annonces sont reçues au Bureau du Journal, à Limoges, et à Paris exclusivement à l'AGENCE HAVAS, place de la Bourse, 8,

On s'abonne à Limoges, à l'imprimerie HERBIN, boulevard Montmailler, 1. — On peut payer l'abonnement soit en un mandat-poste, soit en versant sans frais, au bureau de poste, le montant de l'abonnement. Les abonnements partent des 1ers et 15 de chaque mois et sont exigibles d'avance. — Toute personne qui veut cesser son abonnement doit refuser le journal au facteur.

CÉCILIO CHARREIRE. Vente et location de PIANOS et HARMONIUMS

LIMOGES — ST-JUNIEN — ANGOULÊME

Prix des Places 1re cl.	2e cl.	3e cl.	STATIONS	1701 1.2.3.	(A) 1703 OMNIB. 1.2.3.	2973 MIXTE 1.2.3.	1707 OMNIB. 1.2.3.	1711 OMNIB. 1.2.3. (A)	1713 OMNIB. 1.2.3.
fr. c.	fr. c.	fr. c.		matin	matin	matin	soir		soir
			Limoges (Bénédictins)....	»	»	»			4 27
»	»	»	**Limoges** (Montjovis)...	5 08	8 40	9 15	12 »»	»	5 00
1 35	0 95	0 75	Aixe-sur-Vienne..........	5 23	8 56	9 45	12 14	»	5 16
2 20	1 65	1 20	Verneuil-sur-Vienne......	5 35	9 08	10 08	12 25	»	5 29
3 45	2 55	1 85	St-Victurnien............	5 51	9 26	10 40	12 39	»	5 45
4 55	3 40	2 50	**St-Junien**............	6 07	9 50	10 59	12 56	»	6 01
5 55	4 15	3 00	Saillat-Chassenon { arriv.	6 19	10 02	matin	1 08	»	6 13
»	»	»	Saillat-Chassenon { dép.	6 23	10 06		1 12	soir	6 16
6 45	4 85	3 55	Chabanais...............	6 39	10 19	»	1 2[illegible]	3 13	6 30
7 05	5 30	3 90	Exideuil-sur-Vienne......	6 47		»	1 37	3 23	6 41
8 00	6 05	4 45	Roumazières-L...........	7 03	1705	»	1 57	3 40	6 59
8 35	6 30	4 60	Fontafie................	7 11	(B)	»	2 06	3 48	7 10
9 45	7 20	5 25	Chasseneuil-sur-Bonni....	7 25	matin	»	2 23	4 01	7 25
10 25	7 80	5 70	Taponnat................	7 37			2 37	4 13	7 38
10 70	8 40	5 95	La Rochefoucauld........	7 46	11 10	»	2 47	4 22	7 48
12 20	9 25	6 75	**Le Queroy-Pran**.....	8 09	11 35	»	3 08	4 41	8 10
13 90	10 55	7 70	**Angoulême**..........	8 38	midi 05	»	3 35	5 21	8 41
							soir	soir	soir

(A) Le train 1703 n'a lieu entre Limoges et St-Junien que les jours de foire à Saint-Junien et entre Chabanais et Limoges que les jours de foire à Chabanais et vice versa pour le train 1711.

(B) Le train 1705 n'a lieu que les jours de foire à Angoulême.

CUIRS, PEAUSSERIE, CORDONNERIE
LOUIS BONNAUD
11, Boulevard de la Pyramide *(près l'Hôtel des Postes et Télégraphes)*. LIMOGES (Haute-Vienne).

PHARMACIE RECOMMANDÉE. MICHEL LEGROS, rue du Clocher

ANGOULÊME — ST-JUNIEN — LIMOGES

STATIONS	1702 OMNIB. 1.2.3.	(C) OMNIB. 1704 1.2.3.	1706 1.2.3.	1708 1.2.3.	1710 OMNIB. 1.2.3.	1712 OMNIB. 1.2.3.
	matin	matin	matin	soir		soir
Angoulême	4 43	9 53	11 »	4 00	»	5 43
Le Queroy-Pran	5 15	10 25	11 31	4 33	»	6 13
La Rochefoucauld	5 31	10 47	11 47	═══	»	»
Taponnat	5 39	»	11 55	»	»	6 30
Chasseneuil-sur-Bonni	5 54	11 12	midi 09	»	»	6 54
Fontafie	6 09	11 30	» 24	»	»	7 11
Roumazières	6 17	11 39	» 33	═══	»	7 22
Excideuil-sur-Vienne	6 29	11 53	» 46	2972	soir	7 32
Chabanais	6 38	midi	» 55	1.2.3.	4 15	7 40
Saillat { arrivée	6 49	═══	1 07	—	4 28	7 51
Saillat { départ	6 52	»	1 10	soir	4 33	7 53
St-Junien	7 05	»	1 22	3 34	4 52	8 06
St-Victurnien	7 18	»	1 35	4 03	5 08	8 19
Verneuil-sur-Vienne	7 34	»	1 52	4 34	5 30	8 36
Aixe-sur-Vienne	7 45	»	2 03	5 36	5 42	8 47
Limoges (Montjovis)	8 05	»	2 22	6 33	6 02	9 05
Limoges (Bénédictins)	8 36					
	soir		soir	soir	soir	soir

(C) Le train 1704 n'a lieu entre Angoulême et La Rochefoucauld que les jours de foire à Angoulême et à La Rochefoucauld entre Angoulême que les jours de foire à Chasseneuil, et entre Chabanais et Angoulême que les jours de foire à Chabanais.

CUIRS, PEAUSSERIE, CORDONNERIE
LOUIS BONNAUD
11, Boulevard de la Pyramide (*près l'Hôtel des Postes et Télégraphes*), LIMOGES (Haute-Vienne).

CABINET D CHIRURGIE

ET DE PROTHÈ E DENTAIRES

E. B CQUE

LIMOGES, 8, Rue G ignolle, LIMOGES

REMPLACEMENT DES DENTS

SPÉCIALITÉ de DENTIERS COMPLETS et appareils partiels à bases en or et en CAOUTCHOUC ROSE à SUCCION (sans crochets ni ligature) et de tous SYSTEMES, posés sans douleur avec ou sans EXTRACTION DE RACINE.

Ce nouveau système de **Dentiers à succion**, *d'une légèreté et d'une solidité complètes, assure le fonctionnement parfait de la mastication et de la parole, et supprime tous les inconvénients des* **procédés anciens.**

MAUX DE DENTS

guéris instantanément par le

SICCATIF DENTAIRE BACQUE

Vingt-cinq années d'un succès toujours croissant de cette préparation constatée par les nombreuses attestations que reçoit journellement **M. BACQUE** de la part du **Corps médical,** qui la recommande tout particulièrement, la fait rechercher par les personnes atteintes de **Névralgies dentaires.**

Envoi franco par la poste contre **2** fr. **30** en un mandat-poste ou timbres-poste adressés à :

M. BACQUE, 8, rue Gaignolle, LIMOGES

EXTRACTION DES DENTS

Sans douleur par l'anesthésie locale au

CHLORHYDRATE DE COCAINE

Consultations tous les jours, de 9 à 4 heures (dimanches et fêtes exceptés).

M. BACQUE est le dentiste de **l'Hôpital civil et militaire** de Limoges, du Lycée, du Collège Saint-Martial, du Grand Séminaire, de l'Association des Membres de l'enseignement, de l'Orphelinat, de l'Enseignement Primaire, de tous les établissements religieux et de charité de cette ville.

8, RUE GAIGNOLLE, LIMOGES

PAPETERIE
LOUIS MÉRIMÉE

65, rue de Paris, 65, LIMOGES

Reliure, Réglure, Registres, Cartonnage de toutes sortes emballage et fin.

GRANDE FABRIQUE DE VOITURES
FAVRE

LIMOGES

Place du Champ de Foire, Avenue Saint-Surin et Rue Bernard-Palissy.
60 Voitures neuves ou d'occasion de tous genres prête à livrer

---

ANÉMIE ET CHLOROSE

FLUEURS BLANCHES

Guérison assurée par **L'ELIXIR HYPERTONIQUE BONNEL**
Cette préparation est en même temps un tonique des plus puissants.
Dépôt pour Limoges : Pharmacie MAURICE
Vente dans toutes les Bonnes Pharmacies

VENTES A LA COMMISSION

Depuis 28 ans, M. François-Lucien CHEYROU, de Champagnac (Haute-Vienne), représente des maisons de 1er ordre pour les vins de France et de l'étranger ; les Cidres, Cognacs, Rhums, denrées coloniales.

Etant ainsi l'intermédiaire entre le producteur et le négociant, ou le consommateur, on aura toujours intérêt à s'adresser à lui.

Agence générale de l'arrondissement de Bellac

Bureau du DORAT

LE SOLEIL

Compagnie fondée en 1829.

ssurances à primes fixes contre l'INCENDIE

Capital social, Fonds de primes et réserves : **85 Millions**

SOLEIL-INCENDIE a payé pour plus de 100 Millions de dommages

A CONFIANCE

Compagnie anonyme d'assurances à primes fixes

CONTRE LA GRÊLE

Capital social : SIX MILLIONS de francs

Avis important

Depuis sa fondation, LA CONFIANCE a payé à 116.000 proriétaires plus de NEUF MILLIONS SIX CENTS MILLE RANCS, représentant le montant intégral des pertes constatées.

En cas de sinistres, les dommages sont réglés de gré à gré ou alués par les experts. Après le règlement, l'indemnité fixée est yée immédiatement et intégralement.

Ne pas confondre LA CONFIANCE (Grêle), compagnie d'assurances à primes fixes, avec les sociétés d'assurances mutuelles, ont la cotisation est variable, et l'indemnité trop souvent un ividende.

S'adresser à M. E. PERRIN, agent général, Le Dorat Haute-Vienne).

CRÉDIT LYONNAIS

Société Anonyme, Fondée en 1863

Capital Social : 200 MILLIONS DE FRANCS

AGENCE DE LIMOGES

10, Boulevard de la Pyramide, 10

SOUS-AGENCE A PÉRIGUEUX

Chacun des Sièges du Crédit Lyonnais se charge pour le compte de Commerçants comme pour celui de Rentiers, de toutes les opérations de banque, notamment :

Ouverture de Comptes-Courants.

Escompte et Recouvrement du papier de commerce sur la France et sur tous les pays étrangers, escompte de Warrants.

Emissions de Chèques, traites et lettres de Crédits sur toutes les villes de France et de l'Etranger.

Service de Caisse (Chèques, domiciliations, etc.), moyennant provision rapportant intérêt.

Crédit par acceptation ou par Caisse, aux clients d'escompte.

Vente et achat de monnaies, ou billets de banque étrangers, de matières d'or et d'argent.

Payements à domicile, telégraphiques ou non, en France, et au dehors.

Exécution des ordres de Bourse en France et sur les marchés étrangers. En France sans autre courtage que celui de l'agent de change.

Vente sans frais (livraison immédiate) d'Obligations des Compagnies de Chemins de fer, au même prix que les Compagnies.

CRÉDIT LYONNAIS

Société Anonyme, Fondée en 1863

Capital Social : 200 MILLIONS DE FRANCS

AGENCE DE LIMOGES

10, Boulevard de la Pyramide, 10

SOUS-AGENCE A PÉRIGUEUX

Garde de Titres (achetés ou déposés) dans les coffres-forts du caveau de l'Agence ou du Siège de Paris, location de coffres (entiers ou partiels) et garde de valeurs, bijoux, argenterie, etc., dans les caves du Siège de Paris.

Régularisation de Titres, versements, libérations, échanges, renouvellements, conversions et transferts, productions aux faillites. Remboursement de tous titres sortis aux tirages.

Souscriptions sans frais à tous emprunts de Départements, de Villes ou de Compagnies et Sociétés.

Renseignements financiers et industriels.

Prêts sur Titres français ou étrangers, au même taux d'intérêt que la Banque de France et une commission variable suivant la nature des titres.

Escomptes de tous coupons, de titres remboursables français ou étrangers.

Payement immédiat et sans frais des Coupons des rentes Françaises, — des Obligations de la Ville de Paris, des Actions et Obligations des Compagnies de Paris-Lyon-Méditerranée, Ouest, Est, Midi et Orléans, et d'autres Sociétés de Chemins de fer, de Banque, etc. etc.

Dépôt de Fonds à échéance, à divers taux.

Imprimerie A. HERBIN, 1, Boul. Montmailler, LIMOGES

SAILLAT-CHASSENON — ROCHECHOUART ET BUSSIÈRE-GALANT

Prix des Places 1re cl.	2e cl.	3e cl.	STATIONS	2981 MIXTE. 1.2.3.	1745 OMNIB. 1.2.3.	1747 OMNIB. 1.2.3.
fr. c.	fr. c.	fr. c.		matin	soir	soir
»	»	»	**Saillat-Chassenon**	7 05	1 45	6 20
0 83	0 65	0 45	**Rochechouart**	7 42	2 10	6 41
2 05	1 55	1 15	St-Laurent-St-Auvent	8 11	2 27	6 58
3 05	2 30	1 70	Oradour-sur-Vayres	8 37	2 44	7 13
3 30	2 45	1 80	Champagnac	8 53	2 58	7 21
4 05	3 00	2 25	Champsac	9 17	3 08	7 34
4 65	3 50	2 55	Châlus	9 41	3 23	7 49
5 55	4 15	3 00	**Bussière-Galant**	10 05	3 41	8 06

F. LAGUENY

Rues Cruche-d'Or, 1, et Andeix-Manigne, 6, LIMOGES

GRAND ABONNEMENT DE MUSIQUE

Musique en tous genres et pour tous les instruments

Nouhaud Frères, *4, boul. Montmailler, Limoges.* Cognac, Vins fins, Spiritueux, Spécialité de Bitter, Anisette, Crème de cacao brune. **Norwège,** liqueur à base de goudron.

BUSSIÈRE-GALANT — ROCHECHOUART ET SAILLAT-CHASSENON

STATIONS	1742 OMNIB. 1.2.3.	2982 MIXTE 1.2.3.	1746 OMNIB. 1.2.3.
	matin	matin	soir
Bussière-Galant	4 45	10 35	4 00
Châlus	5 00	11 02	4 16
Champsac	5 11	11 18	4 28
Champagnac	5 23	11 42	4 41
Oradour-sur-Vayres	5 30	11 58	4 49
St-Laurent-sur-Gorre	5 43	midi 18	5 02
Rochechouart	6 03	» 46	5 19
Saillat-Chassenon	6 20	1 04	5 36

Maison ***RANCIAT -- BASTIEN***

A. BRISSET

37, Rue du Clocher, LIMOGES

HORLOGERIE, BIJOUTERIE, ORFÈVRERIE, JOAILLERIE

HORLOGERIE, BIJOUTERIE

JOAILLERIE, ORFÈVRERIE

Acault & Lombard

13, rue du Clocher, LIMOGES

Bronze d'art
Garniture de cheminées
en bronze, en marbre
et en cuivre
Articles pour fumeurs
Emaux, Cristaux
Maroquinerie, Éventails
Objets de fantaisie

Bijoux riches
Fantaisie or et argent
Bijoux de deuil
Grand
Choix pour Mariages
Horlogerie
de précision, Chronomètres
Chronographes, Quantièmes

RÉPARATIONS SOIGNÉES EN HORLOGERIE & BIJOUTERIE

IMPORTATION DIRECTE

ET

Exploitation

d'Huiles & Graisses

MINÉRALES

SANS USURE ET SANS CAMBOUIS

CHARLES BARBAT

MONTLUÇON

(Allier)

Lotion Marcellein

CONTRE LE PIÉTIN

Cette préparation se recommande à tous les éleveurs par son efficacité réelle et prompte.

Un seul pansement bien opéré suffit pour guérir radicalement et sans rechute toutes les boîteries des bêtes à laine.

2 francs le flacon avec l'instruction

DÉPOTS

Eymoutiers, pharmacie **Marcellein** ;
Limoges, pharmacie **Peyrusson** ;
St-Léonard, pharmacie **Lacoussière** ;
Châteauneuf, pharmacie **Sénamaud.**

Et dans toutes les bonnes pharmacies

ENTRÉE LIBRE

GRAND BAZAR

DE LA

VILLE DE PARIS

HENRI RIGOT

PROPRIÉTAIRE ET DIRECTEUR

PLACE JOURDAN. --- LIMOGES

Assortiment complet d'articles d'éclairage. — Spécialité d'articles de bureau. — Papeterie en tous genres. — Chapeaux feutre depuis 1 fr. 95. — Ganterie, cravates, foulards. — Bijouterie, parapluies, quincaillerie. — Parfumerie des premières marques. — Jouets d'enfants. — *Articles exclusivement français.* **— Vannerie française. — Maroquinerie. — Articles de Paris. — Porcelaine blanche et décorée. — Faïence, poterie, bonneterie, mercerie. Articles de fumeurs, articles de ménage. — Zinguerie, toiles cirées pour table.**

Choix considérable d'articles en tous genres dont le détail serait trop long.

Il faut se rendre compte des prix. Avant de faire aucun achat venez visiter le grand bazar de la ville de Paris. PLACE JOURDAN, LIMOGES.

Tous les jours grands arrivages de nouvelles marchandises

Maison Henri POURRET

27, RUE du CONSULAT, 27,

LIMOGES

SPÉCIALITÉ DE BLANC ET DEUIL

Gilets de Flanelle Confectionnés

MOUCHOIRS NOUVEAUTÉS OURLÉS & BRODÉS

Linge de Table, Trousseaux et Layettes

14e Année Cinq Centimes 14e Année

L'Abeille de la Creuse

Organe des Intérêts conservateurs du département

Politique, Quotidien

ABONNEMENTS

	Un an	Six mois	Trois mois
Creuse, Cher, Allier.	15 fr.	8 fr.	4 fr.
Le reste de la France.	24	12	6

ANNONCES

Annonces, la ligne.	20 centimes
Réclames (Corps du journal).	30

Les annonces sont reçues au bureau de la direction de l'*Abeille de la Creuse*, à Montluçon, et au bureau du Journal, à Guéret.
Et chez MM. L. AUDBOURG et Cie, 10, place de la Bourse, Paris.

Adresser tout ce qui concerne la rédaction et l'administration au Directeur du Journal, à Montluçon (Allier).

Maison Henri POURRET

27, RUE du CONSULAT, 27,

LIMOGES

SPÉCIALITÉ DE BLANC ET DEUIL

BANDAGISTE-HERNIAIRE ORTHOPÉDISTE

Instruments de chirurgie

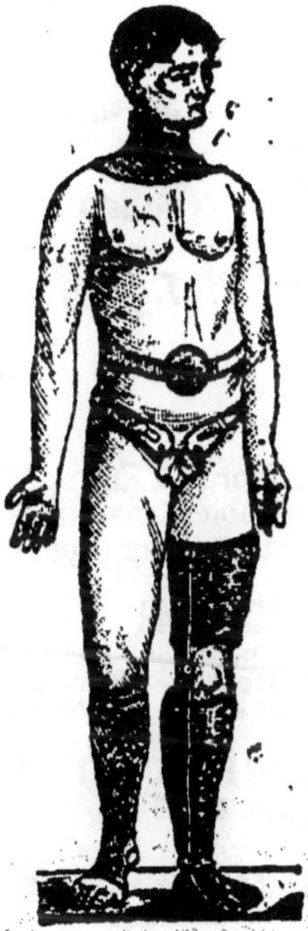

Seule fabrique à Limoges, de toutes ces sortes d'appareils

— *COMMISSION* — **FOURNISSEUR** *de l'hôpital général de Limoges* — *EXPORTATION* —

M. Léon LEGRAND

ÉLÈVE DE LA PREMIÈRE MAISON DE PARIS

14, Boulevard Montmailler, et place Dauphine, 6

A l'honneur d'informer sa nombreuse clientèle qu'il fabrique tous les systèmes d'Appareils et de Bandages les mieux perfectionnés, comme dans les premières maisons de Paris, et garantit de maintenir les hernies les plus difficiles et les plus volumineuses.

Bras, Mains et Jambes artificiels, Appareils pour soutenir et redresser les membres, Appareils pieds bots, Béquilles et Jambes de bois, Corsets pour maintenir et redresser les déviations de la taille, Bandages invisibles, Ceintures pour la chute du rectum et contre l'onanisme, Ceintures hypogastriques et ombilicales en caoutchouc et en coutil, Bas pour varices en caoutchouc et Lacets en peau de chien, Irrigateurs, Injecteurs de tous modèles, Sondes et bougies, Coussins en caoutchouc, Bretelles américaines. Spécialité de Gouttières Bonnet et Richer pour fractures et coxalgies.

Tous ces appareils étant fabriqués dans mes Ateliers à Limoges, je puis vendre à des prix exceptionnels de bon marché.

Cabinet particulier pour hommes. — Cabinet particulier pour femmes.

RÉPARATIONS EN TOUS GENRES

Vente en gros et demi-gros pour MM. les Pharmaciens

Entrepôt Général des Charentes

Gare Limoges-Montjovis

A. DELOR & Cie

Fournisseurs de l'Armée, de la ville de Limoges, du Lycée, de l'Asile de Naugeat, etc.

NOTA. — Malgré la hausse considérable (50 0/0) des bois du Nord, l'Entrepôt général des Charentes grâce à ses approvisionnements considérables, maintient les prix très bas et offre à l'acheteur des conditions absolument hors cours

CHAUFFAGE

Bois scié et cassé — Charbons de terre et Briquettes — Poids garanti

ATELIER DE TONNELLERIE

MERRAINS

CONSTRUCTION

Bois du Nord et du pays — Tuiles, Briques, Pierres, Chaux, Plâtres, Ciments, Carrelages et Pavages céramiques.

CHAUX POUR L'AGRICULTURE

PHOSPHATES

Les Bureaux et Magasins sont fermés les dimanches et jours fériés

SÉNATEURS DE LA HAUTE-VIENNE

M. Teisserenc de Bort.
M. René Pénicaud.
M. le docteur Jules Donnet.

DÉPUTÉS DE LA HAUTE-VIENNE

Georges Le Veillé, député de Limoges. — 78, rue de Passy, Paris.
Henri Lavertujon, député de Saint-Yrieix.
Louis Gotteron, député de la 2e circonscription de Limoges.
Claude Léouzon-Leduc, député de Rochechouart. — 6, rue de Seine, Paris.
Henri Vacherie, député de Bellac. — Hôtel des Arts, Cité Bergère, Paris.

PRÉFECTURE DE LA HAUTE-VIENNE

Le Préfet reçoit les lundi, jeudi et samedi, de 10 h. à midi, et de 2 à 4 heures du soir.

MM. les Maires, les Conseillers généraux et d'arrondissements et les chefs de service sont reçus les jeudis.

En dehors de ces audiences régulières, des audiences exceptionnelles sont accordées sur demandes adressées au cabinet.

Préfet du département, M. FAURE.

Secrétaire général de la Préfecture, M. L. Mantin, avenue de Juillet, 38 bis.

Bureaux de la Préfecture. — Les bureaux de la Préfecture sont ouverts au public de 9 heures du matin à 4 heures du soir.

Conseil de Préfecture

Audience publique le mercredi de chaque semaine, à une heure

La salle des séances et le greffe du Conseil de préfecture sont dans l'ancien Palais de Justice, place de la Préfecture.

Secrétaire-Greffier du Conseil de Préfecture, M. Vigneron, avenue Saint-Surin. (Réclamations pour impôts).

Service des enfants assistés et des établissements de bienfaisance, bureaux : place de la Préfecture.

Inspecteur, M. Pouyat, rue du Pont St-Martial, 73.
Sous-Inspecteur, M. Vollant, nouvelle route d'Aixe, 24.

MAIRIE DE LIMOGES

Maire, M. LABUSSIÈRE (Emile), rue Théodore Bac, 15.

Adjoints. — MM. Pillault, rue du Consulat, 1 ; Fayout, avenue des Bénédictins, 25 ; Béchade, place Haute-Vienne ; Taillefer, place des Bancs, 4.

SECTION DE LANDOUGE, *Adjoint spécial*, M. Despages, au Masneuf, commune de Landouge.

Bureaux de la Mairie. — Les bureaux de la Mairie sont ouverts tous les jours, de 9 h. du matin à 5 h. du soir.

Secrétaire en chef, M. Martineau (Albert).
Secrétariat, M. Benoist.
Contributions. — M. Coudert.
Affaires militaires. — M. Croisille.
Etat-Civil. — M. Bouteilloux.

Travaux publics. — VOIRIE, EAU, ECLAIRAGE. — *Ingénieur-voyer*, M. Maitre. — VOIRIE URBAINE ; *chef de bureau*, M. Granet. — VOIRIE VICINALE ; *chef de bureau*, M. Chénieux. — EAU ET GAZ ; *chef de bureau*, M. Maury.

Architecte de la ville, M. Ferrand.
Architecte adjoint, M. Marsaudon, chef de bureau.
Caisse municipale. — M. Brisset, receveur, avenue du Champ de Juillet, 10.

Police municipale. — *Commissaire central de police*, M. Boissière, rue Cruveilher, 5 *bis*.

1er *Arrond. de police*, M. Doux, commiss., pl. du P.-Public.
2e *Arrondissement*, M. Audierne de St-Hilaire, commiss., 10, route de Paris.
3e *Arrondissement*, M. Piquot, commiss., place Manigne, 7.
4e *Arrondissement*, M. Caunes, commiss., faubourg du Pont-Neuf, 35.

Médecins du dispensaire, MM. Dubois, rue du Consulat, 9, et Boudet, rue Sainte-Valérie, 1.

Pompes funèbres. — *Représentant à Limoges,* M. Lavalard, cours Bugeaud, 29.

Cimetière. — Le cimetière est ouvert en hiver : à 7 h. du matin et fermé à 5 h. du soir ; en été : ouvert à 6 h. du matin et fermé à 8 h. du soir.

COUR D'APPEL DE LIMOGES

Premier Président, M. Oger du ROCHER, avenue du Midi, 11,
Président de Chambre, M. Tunis, rue Léonard-Limosin, 3.

Parquet de la Cour. — *Procureur général,* M. Baudouin, avenue de Juillet, 34. — *Avocat général,* M. Pironneau, avenue Foucaud, 10. — *Substitut,* M. Giaccobbi. — *Greffier en chef,* M. David, avenue Saint-Eloi. — *Commis-Greffiers,* MM. Savoyaud, rue de la Céramique. — Debay, rue Sainte-Valérie, 30.

Le greffe est ouvert tous les jours non fériés, de 9 heures du matin à 4 heures du soir.

Bibliothécaire de la Cour, M. Jeanton-Lamarche, à la Roche-au-Go, 4.

Secrétaire du parquet, M. Auzeméry, rue des Petites-Pousses, 16.

Tableau de l'ordre des avocats près la Cour d'Appel

Avocats inscrits au Tableau,

MM. Chouffour, Pinot de Moira, Malevergne de Lafaye, Patapy, Delignat-Lavaud, Nicard des Rieux, Cousseyroux, Coulaud-Dutheil, Mazeron, Baju, Clappier, Beaure d'Augères, Fage, Pénicaud (René), Bonnet-Laborderie, Gotteron, Breuilh, Duteillet, Mignot (Th.), Moufle, Dumont Saint-Priest (Henri), De Labroulie de Laborderie, de Bruchard, Rogier (G.), Garrigou-Lagrange, Gérardin, Maurat-Ballange, Mariaux, Lavergnolle, Chaussade, Charreyron, Lamy de la Chapelle, Dartige, Delignat-Lavaud (A.), Dumont Saint-Priest (Albert), Busson-Lavallière, Berthet, Lamy de la Chapelle (Charles), Ledot, Fayout, Fabre, Demartial, Dayras, de Lagasnerie, Dubois, Servois, Chabrouillaud, Savodin, Declareuil, Fourest.

Avocats stagiaires. — MM. Vergniaud, Pinelli, Baretaud, Hervy, Puinesges, Rogues de Fursac, Texier, Champcommunal, Chapoulaud, Demartial, Oger du Rocher (J.), Prudhomme.

Avoués près la Cour d'Appel. — MM. Bletterie (de), Delcaire, Delouis, Gadon, Louvet, Merlin-Lemas, Tanchon, Villemaud.

Assistance judiciaire, près la Cour d'appel. — *Président*, M. Pinot de Moirat, avocat.

Tribunal de première instance de Limoges

Président, M. Gilbert; *Président honoraire*, M. Lageon; *Vice-Président*, M. Meunier-Quinsac; *Juge d'instruction*, M. Dessales; *Juges*, MM. Latrille, Lepetit; *Juges aux ordres*, Favre, Couronnet. *Juges suppléants*, MM. Martin, Gisbert.

Parquet du tribunal. — *Procureur de la République*, M. Meynieux; *Substituts*, MM. Le Huérou-Kérisel, Mazeaud; *Secrétaire du Parquet*, M. Malamas; *Greffier en chef*, M. Vouzelle; *Commis-Greffiers*, MM. Dauvergne, Dutournier, Tricaud.

Le Tribunal de première instance de Limoges se divise en deux chambres

PREMIÈRE CHAMBRE

Les audiences de la première chambre sont civiles, et se tiennent les jeudi, vendredi et samedi, à midi.

DEUXIÈME CHAMBRE

Les audiences de la deuxième chambre sont correctionnelles les lundis ; — civiles les mardis ; des criées et correctionnelles les mercredis, à midi.

Assistance judiciaire, près le tribunal Civil. — *Président*, M. Beaure d'Augère, avocat.

Avoués près le Tribunal. — MM. Bouchaud du Mazeaubrun, Broussaud, Chaisemartin, Dayras, Garrigou-Lagrange, Jouhanneaud, Lyon, Pellet, Rattier, Soulignac, Montagne.

Juges de paix. — (CANTON NORD). MM. Faucher, *juge de paix*; Broussaud et Villemaud, *suppléants*. — *Greffier*, M. Duplantier. — *Huissier*, M. Boulesteix.

(CANTON SUD). MM. Fourest, *juge de paix ;* Nassans père, Pinot de Moira, *suppléants.* — *Greffier,* M. Mignot. — *Huissier,* M. Ramnoux.

Notaires de Limoges. — MM. Basset, Billard, Delouis, Grenouillet-Mavaleix, Malaud, Mignot, Nassans fils, Thézard.

Les études des notaires de Limoges sont fermées les dimanches et jours fériés

Huissiers de Limoges. — MM. Besnard, Bonjour jeune, Boulesteix, Brissaud, Duméný, Malamas, Pageot, Petit, Ramnoux.

Commissaires-priseurs, MM. Simon, Letarouilly.

DIOCÈSE DE LIMOGES

Mgr Firmin-Léon-Joseph RENOUARD, nommé à l'évêché de Limoges, par décret du 29 février 1888. — Monseigneur reçoit : tous les jours, dimanches et fêtes excepté de 10 h. à midi et de 2 h. à 4 h. *Vicaires généraux :* MM. Gilbert, boulevard de la Cité, 8 ; Lartisien à l'Evêché. — *Secrétaires généraux :* MM. Ardant et Coffre à l'Evêché. — *Paroisses :* CATHÉDRALE-ST-ÉTIENNE, M. Leclerc, curé-archiprêtre, place Jourdan. — ST-PIERRE, M. Delor, curé-doyen de 1re classe, place Fournier. — ST-MICHEL-DES-LIONS, M. Pinot, curé-doyen de 1re classe. — STE-MARIE, M. Dumilieu, curé de 2e classe, rue de l'Hôpital, 1. — ST-JOSEPH, M. Laplagne, curé, route de Paris, 19. — SACRÉ-CŒUR, M. Maublanc, curé, rue des Argentiers, 9. — STE-VALÉRIE, M. F. Labrousse, curé, au Clos Jargot. — ST-MARTIAL, M. Grand curé.

12e CORPS D'ARMÉE

M. DE LAUNAY, Général commandant en chef le 12e corps d'armée. — Général RENAUD, commandant la 23e division d'Infanterie. — Général SAVIN DE LARCLAUSE, commandant la 24e Brigade d'Infanterie. — Général MICHAUD, commandant la 46e Brigade d'Infanterie. — Général PRUD'HOMME, commandant la 47e Brigade d'Infanterie. — Général RIFF, commandant la 45e Brigade d'Infanterie. — Général SÉARD, commandant la division d'Artillerie.

Intendance. — *Intendant-Directeur* : M. MOUNIER.

ADMINISTRATION FINANCIÈRE

Trésorerie Générale de la Hte-Vienne, Cours Gay-Lussac, 46. — *Trésorier-payeur-général,* M. Dumonteil. — *Chef des bureaux,* M. Parot.

Percepteurs de Limoges. — *1re division, nord,* M. Gignoux, rue Arbonneau, 7. — *2e subdivision, nord,* M. Rousselet, cours Vergniaud, 3.

Contributions Directes. — *Directeur,* M. Desjobert, avenue des Bénédictins, 8, bureaux même adresse.

Contributions Indirectes. — *Directeur,* M. Varaigne, avenue Garibaldi, 22, bureaux même adresse, ouverts tous les jours non fériés de 8 h. à 11 h. 1/2 du matin et de 1 h. à 4 h. 1/2 du soir.

Enregistrement et Domaines. — *Directeur,* M. Poisson, boulevard de la Cité, 10, bureaux au 2e étage.

Conservateur des Hypothèques, M. Demartial, 12, rue Péliniaud-Beaupeyrat.

Receveurs de l'Enregistrement. — *Actes civils,* M. Brissaud, rue d'Aguesseau, 8. — *Baux, locations verbales, successions et domaines,* M. Darnal, 10, faubourg des Arènes, 10. — *Actes judiciaires.* M. Lagrange, avenue de la Gare, 5. — *Actes extra-judiciaires, et timbre extraordinaire,* M. Demangeon, cours Jourdan, 13.

INSTRUCTION PUBLIQUE

La Haute-Vienne fait partie de l'Académie de Poitiers.
Recteur, M. Chaignet, correspondant de l'institut à Poitiers

Les bureaux de l'inspection, place de la Préfecture, sont ouverts de 9 h. à midi et de 2 à 4 h. 30 du soir, excepté les dimanches et jours de fête. *Inspecteur d'académie*, M. Istria, avenue de Juillet, 38 *bis*. *Secrétaire*. M. Debord, rue des Arènes, 19.

Enseignement supérieur

Ecole préparatoire de Médecine et de Pharmacie, directeur, M. E. Raymondaud, faubourg Manigne, 8. *Directeur honoraire*, M. Astier, Rue Pont-Hérisson, 8. *Secrétaire*, M. Pillault, rue du Consulat, 1.

Enseignement secondaire

Lycée national. *Proviseur*, M. Subé. *Censeur*, M. Druon. *Econome*, M. Cabannes. *Aumônier*, M. Labetoulle, chanoine honoraire.

Ecoles privées (secondaires). — M. Barbaud, rue Dalesme, 3. — *Ecole Turgot*, dirigée par M. de la Combe, 7, rue des Combes. — *Ecole Saint-Martial*, rue des Argentiers, 6, M. l'abbé Goyet, supérieur.

Enseignement primaire

Ecole normale d'instituteurs de Limoges, à Bellevue (banlieue), M. Jeannot, directeur. — *Ecole Normale d'institutrices de Limoges*, ancienne route d'Aixe, Mme Rambault-Martellière, directrice. — *Ecole supérieure et professionnelle de Limoges*, place de l'ancienne Comédie, 10, M. Frayssinet, directeur. — *Ecole municipale des Sourds et Muets*, rue des Combes, M. Camailhac, directeur; M. Jules Beaubrun, médecin. — *Ecole municipale d'aveugles*, place du Champ de foire, M. Coudert, directeur; M. Jules Beaubrun, médecin.

Instituteurs libres élémentaires de Limoges. — Pensionnat primaire supérieur de Saint-Joseph, rue des Argentiers, dirigé par les frères des Ecoles chrétiennes. — *Ecole Saint-Firmin*, avenue St-Surin. — *Ecole Saint-Etienne*, place de l'Evécaud. — *Ecole Sainte-Marie*, rue des Carmélites. Toutes ces écoles sont dirigées par des Frères des Ecoles Chrétiennes.

Institutrices libres élémentaires à Limoges, tenant pensionnat. — *Sœurs de la Croix*, rue de l'ancienne Comédie. —

Filles de Notre-Dame, rue Pétiniaud Beaupeyrat. — *Sœurs de la Providence,* Boulevard de la Cité. — *Sœurs de Nevers,* rue des Sœurs de la Rivière. — *Sœurs de la Visitation,* boulevard des Petits Carmes. — *Sœurs du Sauveur,* rue du Pont Saint-Martial. — *Mlle Labidoire,* faubourg des Arènes, 21. — *Mme Coste,* Nouvelle route d'Aixe.

Ecoles communales de garçons à Limoges. — *Ecole de la Monnaie,* rue Ste-Valérie ; *de Montmailler,* rue des Anglais ; *des Feuillants,* rue des Feuillants ; *de l'ancienne route d'Aixe ; de la Société Immobilière ; de Saint-Martial,* à la Croix de Landouge ; *de l'Hôtel de Ville,* rue de l'Hôpital ; *du Pont Saint-Étienne ; du Pont-Neuf ; de Montjovis ; de la rue Aigueperse.*

Ecole communale de filles. — *Du Portail-Imbert ; de Montmailler,* rue des Anglais ; *du Chinchauvaud,* 3, route d'Ambazac ; *de l'Hôtel de Ville,* rue des Carmélites ; *de la Vieille-route-d'Aixe,* vieille route d'Aixe, 58 ; *du faubourg du Pont-Neuf ; de la Société Immobilère ; de Saint-Martial,* à la Croix de Landouge ; *du boulevard de la Pyramide : du faubourg de Paris ; du boulevard des Petits-Carmes ; du Pont Saint-Martial ; de Montjovis.*

Ecoles maternelles communales à Limoges. — *Hôtel de Ville ; Pénitents-Blancs ; Montmailler : ancienne route d'Aixe ; Monjovis ; Pont Saint-Martial ; route de Paris ; du pont-Neuf ; du boulevard de la Pyramide.*

Ecole maternelle privée. — *Sœurs de Saint-Alexis,* à l'hospice de Limoges.

POSTES ET TÉLÉGRAPHES

Directeur des Postes et Télégraphes de la Haute-Vienne. — M. Azéma, rue Manigne, 20.

Recette principale des Postes et Télégraphes. — Boulevard de la Pyramide, 7.

Bureaux ouverts de 7 h. du matin à 9 h. du soir, du 1er avril au 1er novembre ; de 8 h. du matin à 9 h. du soir le reste de l'année. — Le guichet du télégraphe, placé au 1er étage, de 9 h. du soir à minuit.

Heures des levées des lettres à Limoges. — MATIN : 1 h. 45, Paris, Nord, Est, Moulins, Lyon.

2 h. 10, Ligne de Toulouse. — 2 h. 55, Lignes d'Agen, Bordeaux, Clermont-Ferrand. — 3 h. 30, Ligne de Poitiers, Saint-Germain, Magnac-Bourg, Pierrebuffière. — 4 h. 20, Charente, Charente-Inférieure, ligne de Saillat à Bussière-Galant. — 5 h. 15, Ambazac, La Jonchère. — 5 h. 50, Solignac.

Banlieue de Limoges : Eté, 5 h. 55 m. ; Hiver, 6 h. 25 m.

Limoges : Eté, 6 h. 55 m. ; Hiver, 7 h. 25 m.

7 h. 55, Lignes de Paris et Toulouse, Nord, Est, Tulle et Rodez. — 8 h. 45, Ligne d'Agen. — 9 h. 15, Ligne de Clermont. — 10 h. 05, Limoges.

SOIR : 12 h. 15, Charente, Charente-Inférieure, ligne de Saillat à Bussière-Galant. — 12 h. 15, Lignes de Poitiers, Guéret, Montluçon et Moulins. — 2 h. 15, Ligne du Midi, Châteauneuf, Linards, Saint-Paul-d'Eyjeaux. — 3 h. 30, Lyon, Clermont-Ferrand, Ambazac, La Jonchère. — 4 h. 05, Limoges. — 4 h. 25, Charente, Charente-Inférieure, ligne de Saillat à Bussière-Galant. — 5 h. Lignes de Poitiers, Ouest, Sud-Ouest. — 9 h. 15, Paris, Nord, Est, Ouest, St-Sulpice-les-Feuilles, Arnac-la-Poste, Lussac-les-Eglises.

GARE DES BÉNÉDICTINS

Cie du Chemin de fer d'Orléans, place Whalhubert, 1, à Paris. Directeur M. Heurteau.

Gare des Bénédictins. — *Chef de gare*, M. Perrain, à la Gare. — *Sous-chefs de gare*, MM. Suppligeon et Job (voyageurs) ; Emangeard Laporte (marchandises). — *Caissier principal*, M. Lagraisse. — *Receveur aux voyageurs*, M. Maury.

Gare de Montjovis. — *Chef de gare*, M. Montauzon. — *Sous-chefs*, MM. Robert et Salomon (voyageurs). — *Chef des bureaux de la petite vitesse*, M. Suzini. — *Caissier*, M. Higonenq. — *Receveur aux voyageurs*, M. Quignon.

Bureau Central. — pour les marchandises grande vitesse, place du Poids-Public, 10. *Chef de bureau*, M. Lijeard.

DIVERS

Hospice civil et militaire, *place de la Mairie.* — Ouvert au public : le jeudi, de 2 h. à 3 h. du soir, et le dimanche, de 10 h. à 11 h. du matin et de 3 à 4 h. du soir, tous les jours de 1 à 4 h. pour les étrangers.

Secrétaire en chef, M. Morel, rue Mirabeau, 1.

Médecins titulaires, MM. Lemaistre aîné, Boudet, Raymondaud père, Bleynie Louis, Dubois, Raymond, Chénieux, Lemaistre Justin, Raymondaud fils.

Les médecins de service se trouvent tous les jours à l'hospice, de 8 à 11 h. du matin.

Asile public d'Aliénés à Naugeat

Directeur médecin en chef, M. le Dr Doursout. *Médecin-adjoint,* M. A. Mandon. *Receveur,* M. Boiron. *Econome,* M. Lorgue. *Secrétaire,* M. Loupias. *Aumônier,* M. l'abbé Carrière.

Musée National Adrien Dubouché, Place du Champ-de-foire, *Directeur* : M. A. Louvrier de Lajolais.

Le musée céramique est ouvert au public les jeudis, dimanches et fêtes, de midi à 4 h. en hiver, et de midi à 5 h. en été. Les étrangers peuvent visiter le musée tous les jours en demandant l'autorisation à l'administration.

Journaux de Limoges

La *Gazette du Centre,* seul journal quotidien indépendant ; le *Courrier du Centre,* quotidien ; le *Petit Centre,* quotidien ; le *Moniteur de la Haute-Vienne,* journal des campagnes, paraissant deux fois par semaine, le jeudi et le dimanche, le meilleur marché de tous les journaux, 5 fr. par an ; l'*Echo du Centre,* hebdomadaire ; le *Réveil Limousin,* hebdomadaire ; la *Semaine Religieuse,* hebdomadaire ; Le *Gay-Lussac,* mensuel.

Théâtre de Limoges. — *Directeur,* M. Bourdette, — Représentations d'opéras-comiques, opérettes, comédies ou drames. Les dimanche, mardi, jeudi et samedi.

Alcazar. — Boulevard Montmailler. *Directeur,* M. Garemin. Concert tous les soirs.

Ancien Etablissement Horticole de NIVET Père

10, Rue des Sœurs-de-la-Rivière, LIMOGES

H. NIVET Jeune, Successeur

Horticulteur Architecte-Paysagiste

Ex-Elève diplômé de l'Ecole nationale d'horticulture de Versailles
Ex-Elève de M. ANDRÉ, Architecte-Paysagiste à Paris

GRAND CHOIX DE POMMIERS A CIDRE ET A COUTEAU

Arbres fruitiers et forestiers. — Arbres et Arbustes d'ornement
Vastes Serres et grand assortiment de Plantes pour appartements et pour jardins.

SPECIALITÉ DE BOUQUETS, COURONNES
Croix et Décorations

Envoi franco du Prix-Courant 1889-1890 sur demande

MÉDAILLE A L'EXPOSITION UNIVERSELLE DE PARIS 1889

POUR PLANS DE

PARCS & JARDINS PAYSAGERS

Devis, Tracés et Plantations

1er Prix aux Concours régionaux de Limoges 1886 et Poitiers 1887

ETABLISSEMENT DE GRAINES M. NIVET FILS
10, Rue du Consulat. — LIMOGES.

ARRONDISSEMENT DE BELLAC

Sous-préfet, M. D'Hubert.

Maire de Bellac, M. de Gouttepagnon. — *Adjoints,* MM. Tardy et Plagnaud.

Tribunal de Bellac. — *Président,* M. Feydeau. — *Juge,* M. Laporte. — *Juge d'instruction,* M. Branchaud. — *Juge suppléant,* M. Mativat. — *Procureur de la République,* M. Rigaud. — *Greffier,* M. Péricat. — *Commis-greffiers,* MM. Papon et Tournois.

Les audiences du tribunal ont lieu, pour les affaires ordinaires et sommaires, le jeudi; — pour les affaires correctionnelles, commerciales et les ventes judiciaires, le samedi.

Avocats. — MM. de Gouttepagnon, Mativat (Adolphe), Cantillon de Lacouture (H.), Gravelat, Robert Cantillon de Lacouture (stagiaire).

Avoués. — MM. Héliot, Gaullier, Lafleur-Laguérenne.

Notaires. — MM. Dumas, Mallet, Coldebœuf.

Huissiers. — MM. Depardoux, Parvy, Coulloux, Doucet.

Juge de paix. — M. Coudamy.

ARRONDISSEMENT DE ROCHECHOUART

Sous-préfet, M. de Labrunye.

Maire de Rochechouart, M. Marquet. — *Adjoints,* MM. Pouliot, Boisramet.

Tribunal de Rochechouart. — *Président,* M. Charrière. — *Juge d'Instruction,* M. Roublin. — *Juge,* M. Betan. — *Procureur de la République,* M. A. Villemaud. — *Greffier,* M. Mattey. — *Commis-greffiers,* MM. Marguiller et Christophe.

Jours d'audience. — Jeudi et vendredi pour les affaires ordinaires et sommaires, Vendredi pour les affaires commerciales, Samedi pour la correctionnelle et les ventes judiciaires.

Notaires. — MM. Deschamps et Ducluzeaud.

Avoués. — MM. Boisrament, Durieux, Martin et Deschamps

Avocats. — M. Soury de Lavergne.

Huissiers. — MM. Boulesteix, Veyvinaud, Pelletingeas.

Juge de paix. — M. Chassaing.

SAINT-JUNIEN

Maire de Saint-Junien, M. Lucien Dumas. — *Adjoints,* MM Boudy, Dubant.

Notaires. — MM. Robert, Merlo.

Huissiers. — MM. Bernard et Marguiller.

Juge de paix. — M. Pingaud.

ARRONDISSEMENT DE SAINT-YRIEIX

Sous-préfet, M. Raynard.

Maire de St-Yrieix, M. Valluaud. — *Adjoints,* MM. Escorne, Prévost.

Tribunal de St-Yrieix. — *Président,* M. Sénémaud. — *Juge d'instruction,* M. Abrias. — *Juge,* M. Rigal. — *Procureur de la République,* M. Sautereau — *Greffier,* M. Bayle. — *Commis-Greffier,* M. La Roche-Lambert.

Jours d'audience. — Mercredi les ventes judiciaires et commerciales, Jeudi pour la correctionnelle.

Notaires. — MM. Valluaud, Glangeaud, Boutaud-Lacombe.

Avoués. — MM. Papel, Lacoste, Bayle, Roudaud.

Avocats. — MM. Boudaud, Bayle fils, Lacoste fils.

Huissiers. — MM. Dufour, Pradeau, Colin, Laforest.

Juge de paix. — M. Saraudy.

VOITURES PUBLIQUES

Messageries BARDON, bureau boulevard du Collège, en face le Lycée

Solignac, Le Vigen. — Départs de Limoges : 6 h. matin ; 3 h. 45 soir. — Départs de Solignac : 7 h. 1/2 matin ; 7 h. 1/2 soir.

St-Germain, Pierrebuffière, Magnac-Bourg. — Départs de Limoges : 4 h. matin ; 4 h. soir. — Départs de Magnac-Bourg : 5 h. matin ; 4 h. soir.

Pierrebuffière, Magnac-Bourg, Masseret, Uzerche. — Départ de Limoges : 4 h. soir ; Départ d'Uzerche : 3 h. matin.

St-Paul-d'Eyjeaux, Linards, Châteauneuf-la-Forêt. — Départ de Limoges : 3 h. soir ; Départ de Châteauneuf : 3 h. 1/2 matin.

St-Paul-d'Eyjeaux, Linards, La Croisille. — Départ de Limoges : 3 h. 3/4 matin. — Départ de La Croisille ; 4 h. soir

Messageries BOISSIÈRE, *bureau boulevard Gambetta, Hôtel du Charriot d'Or*

Aixe, Séreilhac, St-Laurent. — Départs de Limoges : 4 h. et 6 h. soir. — Départs de St-Laurent : 7 h. et 11 h. matin.

Châlus. — Les mardi, jeudi et samedi de chaque semaine, départ de Limoges : 4 h. soir.

FOIRES ET MARCHÉS DE LA HAUTE-VIENNE

ARRONDISSEMENT DE LIMOGES

AIXE, 5 janv., 5 février, 3 août, 3 nov., le 2e mercredi de janvier et juillet, et le 2e jeudi des mois de février, mars, avril, mai, juin, août, septembre, octobre, novembre et décembre. *Marchés les dimanches et fêtes, le vendredi.* — AMBAZAC, 21 ch. m. *Marché, jeudi.*

Bersac, 14 ch. mois. — Billanges (les), 2e jeudi fév., avril, juin, août, octobre et décembre. — Bonnac, 13 de ch. mois. — Bujaleuf, dernier lundi ch. mois.

Châteauneuf, 10 ch. mois. *Marché dimanche.* - Couzeix, 1er jeudi de janv., fév., sept. oct. nov. déc. — Croisille (la), 18 ch. mois. —Domps, le 26 de chaque mois.

Eymoutiers, 1er jeudi chaque mois, 3e jeudi fév. et mars. *Marché samedi.* — Eyjeaux, mercredi saint, 11 mai, septembre, décembre.

Géneytouse (la), à la Croix Ferrée 2e mercredi de janvier, février, mars, mai, sept. nov. déc. — Grammont (com. St-Sylvestre), *marché les mercredis de mai.* — Isle, 6 mars et 6 octobre. — Jonchère (la), 17 novembre, 18 des autres mois, *marché dimanche.* — Laurière, 22 ch. mois, 16 avril, 16 mai, 20 déc. foire grasse, *marché samedi.*

LIMOGES, dernier jeudi de ch. mois, excepté déc. reporté au 2e jeudi de janv., jeudi avant Rameaux 1er avril, 22 mai (St-Loup), 16 juin, pet. St-Martial). 2e jeudi de juillet, (grande St-Martial) 1er lundi ap. 13 octobre (St-Gérald) 18 nov., 28 déc. (des Innocents), Marché tous les jours. Marché aux chevaux à l'École de dressage, dernier jeudi de chaque mois. — Linards, 1er samedi chaque mois, excepté celle de juin qui se tient le 8, marchés dimanches. — Masléon. 3e jeudi de chaque mois.

Neddé, 23 janvier, février, mars, avril, mai, juin, juillet, août, septembre et octobre, 10 novembre, 23 décembre. — Neuvic, 3e mardi de chaque mois. — Nieul, 10 ch. mois Marché dimanche.

Panazol, 3e lundi de janv. fév. mars, oct., nov., et déc. — Peyrat-le-Château, 3e lundi chaque mois. — Peyrilhac, 24 ch. mois. — Pierrebuffière, 3e jeudi ch. mois; ces foires se tiendront le 15 lorsque le 3e jeudi tombera le 16, excepté pour septembre et novembre qui, lorsque le 3e jeudi tombera le 18, se tiendront le 17. Marchés les vendredis et les mercredis avant mardi-gras.

St-Bonnet-la-Rivière, 8 de janvier, mars, mai, juillet, sept. et novembre. — St-Denis des-Murs, 3e samedi de chaque mois. — St-Genest, 14 chaque mois. — St-Hilaire Bonneval, 9 février, mars, avril, sept. novembre et décembre. — St-Jean-Ligoure, 2e lundi après Pâques, 1er juin, 30 août, 26 octobre, 14 décembre. — St-Jouvent, 2 janvier, février, mars, décembre. — St-Just, 13 janv., fév., mars, oct., nov., dec. — St-Léonard, 1er lundi de ch. m. et 22 janv. (St-Vincent). — St-Martin-le-Vieux. 18 ch. m. — St-Paul, 23 de ch. mois et le 26 si le 23 est un jeudi. — St-Priest-Taurion, 15 de ch. mois. — St-Sulpice-Laurière (à la gare), 6 de ch. mois. Marché le jeudi. — St-Sylvestre, 13 de ch. mois. — Sauviat, 2e lundi de ch. mois. Marché le dimanche. — Séreilhac, 1er merc. ch. m. — Solignac, 7 janvier, 1er jeudi de février, mars, avril, mai. oct. nov. et décembre. — Sussac, 23 de ch. m.

Verneuil, 1er merc. de ch. m. — Villeneuve (la), com. de Rempnat, 19 janv., 12 mars, lundi de Pâques, veille de l'Ascension, veille de la Fête-Dieu. 12 sept. 24 novembre.

ARRONDISSEMENT DE BELLAC

Arnac-la-Poste, 7 ch. mois, excepté celle de sept. qui se tient le 9. *Marché le vendredi.* —Azat-le-Riz, 3 janv., févr., mars, avril, nov. et déc.

Bellac, 1er de ch. mois, 11 mars et décembre, lundi après 8 sept. *Marché mercr. vend. sam. dim.* — Bessines, 11 de ch. mois et foires gr. le 26 des mois de janv., févr., nov. et déc. *Marché le jeudi.* — Blond, 25 de ch. mois. — Bussière-Boffy, 23 de ch. mois. — Bussière-Poit., 5 ch. mois *Mar. mer.*

Châteauponsac,3 de ch. m. et foires gr. le 15 des mois de janv., fev., mars et déc. (foire ancienne). *Marché le mardi.* — Chezeaux (les Grands), 2 fev., 1er mai, 19 juin, 7 sept., 25 oct., 26 déc. — Cieux, 28 des onze 1ers mois, 22 déc. — Compreignac, 8 de chaque mois, 26 janvier et déc. Marché. le 8 et 3e vend. de ch. mois. — Cromac, 11 janv., mars, mai, août, sept. et oct.

Darnac, le 21 de chaque mois. — Dompierre, 9 de chaque mois. — Dorat (le), 13 de chaque mois et le 2e vend. après le 13 des mois de janv. nov. et déc. Marc. jeudi et dim. le lend. du conc.rs d'anim. de bouch., fin janvier. — Droux 7 de chaque mois. —

Folles, 16 janvier mars, juin, sept, déc — Fromental, 4 de ch. mois. — Lussac-les-Eglises, 6 janvier, févr., mars., avr., mai, juin., juill., sept., oct. nov. et 10 déc.

Mailhac, 18 avril, 18 août, 18 janvier. — Magnac-Laval, marché vendr. et dim. Les 22 de chaque mois depuis le 22 mars jusqu'au 22 novembre et les 8 des mois de janvier, février, mars et décembre. — Mézières, 10 de chaque mois. — Mortemart, 17 de chaque mois. — Morterolles, 24 fév., mars, avril, sept , nov. et décembre.

Nantiat 4 de ch. mois, 21 nov. Marchés 1er et 3e dim. du mois, vendredi de chaque semaine. — Nouic, dernier jour de ch. mois.

Rancon 18 de chaque mois. — Razès, 20 mai et le 23 de chacun des autres mois. Marc. le vend. — Roussac, 16 de ch. mois.

St-Barbant. le 16 des mois de fév., mars, avril, sept., oct. et nov. — St-Bonnet-de-Bellac, 23 chaque mois. — St-Georges-les-Landes, les 31 janvier, mars, mai, août, oct. et déc. — St-Hilaire-la-Treille, 24 des mois de janv. fév., mars, mai, sept et nov. — St-Léger-Magnazeix, 16 ch. mois, 26 mai, 3 décembre (grasse). — St-Pardoux, 6 de ch. mois. — St-Sornin-Leulac, 20 de ch. mois. — St-Sulpice-les-Feuilles, 21 de ch. mois, 5 déc. Marché le lundi.

ARRONDISSEMENT DE ROCHECHOUART

Champsac, les 22 avril et 22 août. — Champagnac, 15 chaque mois. — Chapelle Monbrandeix, (La), 1er sam. de janv mars et nov. — Cognac, 1er mardi de ch. mois. — Cussac, 24 ch. mois, excepté juin le 25. — Dournazac, 1er jeudi ch. mois. — Maisonnais, 9 de chaque mois. — Marval 1er mardi ch. mois.

Oradour-sur-Glane, 15 de ch. m. et le 6 janvier. Marchés dimanche avant 6 et 15 janv., et dimanche avant le 15 des autres mois. — Oradour-sur-Vayres, 8 ch. m. 25 nov. Marché les mardis. — Rochechouart, 26 de ch. mois. 3 fév. 10 déc. Marché le jeudi.

St-Junien, 20 de ch. m. et 10 janv. Marché le samedi. — St-Laurent-sur-Gorre, 23 de ch. m. excepté celles d'avril et de mai qui ont lieu le 17. Marc. le lundi. —

St-Mathieu, 31 janv., 11 août, 31 déc., 13 autres mois. Marché dernier mardi. — St-Victurnien, 1er jeudi ch. m. — Salles-Lavauguyon (les), 6. chaque m. — Vayres, 29 de chaque mois et le dernier jour de février.

ARRONDISSEMENT DE SAINT-YRIEIX

Bussière-Galant, 14 janvier, 17 fév., 14 mars et 17 octob., nov. et déc.

Car (les), 17 janv., 21 fév., 17 mars, 30 av., 4 sept., 1er déc. Marchés les jeudis du 1er décembre au 30 avril. — Chalard (le), 6 janv., mars et juill. — Châlus, 2 mars, 23 av., 30 sept. et le 1er vend. de chaq. m. sauf oct., 2e vend. Marché le vend. — Château-Chervix, 7 janv., fév., mars, av., déc. et 28 août. — Coussac-Bonneval, 18 de ch. m. plus le mardi avant le mardi-gras, la foire de sept. est fixée au 16 au lieu du 18. Marché le jeudi.

Flavignac, der. merc. de ch. m., 14 août. — Glanges, 9 fév., av., mai, août, sept. et nov. — Ladignac, 15 de ch. m. excepté celle de fév. qui se tient le jeudi avant les jours gras. Marché le dimanche.

Magnac-Bourg, 9 janvier, 3 fév., 25 mars, 14 mai, 22 juin, juill., août, 25 sept., 22 oct. et 11 nov. et 22 déc. — Meuzac, les 27 janv., fév., mars, avril, oct., nov., 23 déc. — Meyze (la), 10 janv., fév., mars, avril, mai, août, sept., oct., nov., 9 déc. Marc. le dim.

Nexon, 16 des m. de janv., fév., mars, avril, mai, juill., août, oct., nov. et déc., 25 janv., mercr. après Pâques, 14 juin, 1er août, 1er et 18 sept. — Porcherie (la), 20 janv., 28 fév., 30 mars, 30 avr., 23 juin, 30 juill., 25 août, 30 sept., oct., nov. et déc., mercr. après la Pentecôte.

Rilhac-Lastours, à Lastours, 27 janv., 14 fév., sept., oct., nov. et déc. — Roche-l'Abeille (la), 24 janv., fév., mars, avr., sept., oct., nov. et 19 déc.

St-Germain, 2 et 8 janv., 23 avril et 1er mardi des autres mois. Marc. le lundi et le jeudi. — St-Priest-Ligoure, 2 de ch. m. — St-Yrieix, 13 janv., samedi avant le sam. gras., merc. des Cend., 3e jeudi de carême, mardi des Rameaux, 3e lundi après Pâques, jeudi après Pentecôte, 26 juin, juill., août, 22 sept., 2e sam. d'oct., 6 et 22 nov., 10 et 23 déc. Marc. le sam. et 12 dim. — Vicq, 14 janv., fév., mars, avril, oct., nov. et déc. et jeudi avant le 2e dim. de mai,

MONUMENTS HISTORIQUES DU LIMOUSIN

Aixe. — Petite ville industrielle, avec la chapelle d'Arliquet, pèlerinage fréquenté. (Station du chemin de fer de Limoges à Angoulême).

Ambazac. — Dans l'église, très curieuse dalmatique de Saint-Etienne de Muret (XIIe siècle) et superbe châsse émaillée, une des plus grandes de la province. Ambazac station du chemin de fer de Limoges à Paris ; on peut aller à St-Sylvestre qui possède une œuvre d'art hors ligne la : tête-reliquaire, en argent repoussé, de St-Etienne de Muret, fondateur de l'ordre de Grandmont.

Bellac. — Eglise intéressante qui possède une châsse émaillée, d'un haut intérêt, (fin du XIe ou commencement du XIIe siècle). Station du chemin de fer de Limoges au Dorat.

Châlucet. — Restes de deux châteaux féodaux, des douzième et treizième siècles monument historique ; par Solignac que dessert une voiture publique.

Châlus. — Restes du château haut et du château bas de Châlus. (XIIe-XI siècles), Vitraux, Reliquaires, Croix. Richard Cœur de Lion, roi d'Angleterre, reç une blessure mortelle au siège de cette place, en 1199. (Station du chemin de fer de Sai lat à Bussière-Galant.) On peut aller de Châlus visiter le curieux château de Montbru

Coussac-Bonneval. — Château des XIVe - XVIe siècles, où est né le fame pacha de Bonneval ; admirable tapisserie, curieuse lanterne des morts. Station du chem de fer de Paris à Toulouse.

Eymoutiers. — Église style ogival, de plusieurs époques, avec de magnifiqu verrières, croix reliquaires en filigrane et autres pièces d'orfèvrerie du quinzième siècl Station du chemin de fer de Limoges à Clermont.

Le Dorat. — Belle église romane du XIIe siècle, (mon. hist.) Station du chemi de fer.

Nexon. — Château avec écuries fort bien aménagées à M. le baron de Nexo Église non sans intérêt avec curieux reliquaires, notamment buste en cuivre repous du quinzième siècle. Station du chemin de fer de Paris à Toulouse. A quelques kil ruines du château de Lastours (douzième siècle).

Rochechouart. — Château féodal avec peintures du XVe siècle, (mon. hist.) Ma gnifique vue. Station du chemin de fer de Saillat à Bussière-Galant.

St-Junien. — Eglise de l'ancien monastère (XIIe siècle.) Monument historique Admirable tombeau sculpté de St-Junien, douzième siècle Plaque tombale en bron gravé (XVIe siècle). Eglise de Notre-Dame-du-Pont, où Louis XI vint en pèlerinage. E mitage de Saint-Amand. Bords pittoresques de la Glane. Station du chemin de fer de L moges à Angoulême.

Saint-Léonard. — Église romane du douzième siècle, avec un beau clocher i commencement reconstruit. (Mon. hist). Pont des XIIIe et XIVe siècles. Station du chemin fer de Limoges à Clermont.

St-Yrieix. — Eglise XII-XIIIe siècles, monument historique. Reliquaires intére sants. Tour du Plot. Station du chemin de fer de Limoges à Toulouse. A quelques kil mètres ancien monastère de Chalard, église du XIe siècle, curieuse armoire, rest d'une belle châsse émaillée.

Solignac. — Église romano-byzantine à coupoles, du douzième siècle, avec parti plus anciennes. Monument historique. — Stalles sculptées et vitraux du XVe siècle, reli quaires intéressants. Voiture publique.

TABLE DE LA MARCHE DES TRAINS

		PAGES
De Limoges à St-Sulpice, Vierzon, Orléans, Paris et *vice versa*		2 et 3
Limoges, st-Yrieix, Brive, Toulouse	—	12 et 13
Limoges à Guéret, Montluçon, Lyon	—	22 et 23
Vieilleville à Bourganeuf	—	22 et 23
Limoges à Périgueux, Bordeaux	—	32 et 33
Limoges, Bellac, le Dorat, Poitiers		38 et 39
Saint-Sulpice-Laurière au Dorat		38 et 39
Limoges Eymoutiers, Ussel, Royat et Clermont-Ferrand		46 et 47
Limoges, Saint-Junien Saillat-Chassenon et Angoulême		54 et 55
Saillat-Chassenon à Rochechouart et Bussière-Galant		62 et 63